왕초짜
여행 광동어

아~뵤~~

KB072272

동인랑

여러분의 외국어 학습에는 언제나 ㈜동신랑이 성실한 동반자가 되어줄 것입니다.

여행을 떠나기 앞서...

두려워하지 말고 떠나자! 말하자! 즐기자!

큰 맘 먹고 떠나는 홍콩, 마카오 여행!
낯선 나라에 대한 호기심과 즐거움 보다는 덜컥
겁부터 먼저 나지는 않나요? 게다가 **얼마예요?, 이건
뭐예요?**, 더 **주세요**와 같은 간단한 말을 못해
소중한 나의 첫 해외여행이 엉망이 되지는 않을지
걱정되지는 않나요? 갑자기 아프기라도 한다면...

이렇게 많은 걱정거리를 없앨 수 있는 가장 간단한 방법은
그 나라의 말을 할 수 있으면 됩니다. 하지만 얼마 남지 않은
해외여행! 아무리 인터넷을 찾아보며 공부를 한다 해도 한마디
말도 할 수 없는 것이 뼈아픈 현실! 이렇듯 시간은 없어도 보람찬 홍
콩 여행을 원하는 여러분을 위해 우리말 발음이 함께 있는 **왕
초짜 여행 광동어**를 준비했습니다.
이 책은 **처음 홍콩 여행을 떠나는 분들**을 위해 정성들여 만든여
러분의 파트너이자 여행길의 벗입니다.

나홀로 배낭여행을 떠나든 여행사의 단체 패키지로 떠나든 여행의
즐거움을 배로 느낄 수 있는 방법은 바로 현지 언어로 현지인과
의사소통을 하는 것임을 잊지 말고, 이 책을 보면서 자신 있게
도전해 보세요! 그러면 낯선 곳에 대한 불안감은 사라지고 생각지 않
은 즐거움과 기쁨을 두 배로 느낄 수 있습니다.

끝으로, 이 책에 사용된 광동어 문장은 원만한 의사소통을 위해
가능한 짧은 문장위주로 실었습니다.
즐겁고 보람찬 여행 되세요!

이 책의 특징

1 처음 홍콩여행을 떠나는 분들을 위한 왕초짜 여행 광동어

홍콩여행에 많은 경험과 노하우를 가진 저자가 왕초짜 여행자들에게 필요한 문장들만 선별하여 만든 필수 여행 회화서이다. 처음으로 홍콩여행을 떠나는 분들의 두려움은 반으로 줄고, 즐거움은 두 배가 되도록 알차게 만들었다.

2 해외여행시 꼭 필요한 문장들만 수록 – 우리말 발음이 있어 편리

여행에 꼭 필요한 문장들만 엄선하여 수록하였다. 의사소통에 불편함이 없도록 가능한 짧은 문장들로 구성하였다. 또한 우리말 발음이 함께 적혀있어 자신 있게 말할 수 있다.

3 상황에 따라 쉽게 골라 쓰는 여행 광동어 회화

여행에서 얻은 다양한 경험을 살려 마주칠 수 있는 상황들을 주제별로 나누고, 바로 바로 찾아 쓰기 쉽게 검색기능을 강화하였다. 광동어 회화에 자신이 없다면 손가락으로 문장을 가리키기만 해도 뜻이 통한다.

4 도움되는 활용어휘, 한국어–광동어 단어장

상황별로 도움이 되는 단어들을 모아 정리해 놓았으므로, 긴급한 상황에 쓰기에 아주 유용하다. 또한, 한국어–광동어 단어장이 가나다순으로 뒷편 부록에 실려 있어, 이 부분만 따로 분리해 휴대하여 가지고 다녀도 안심!

5 휴대하기 편한 포켓사이즈

여행시에는 작은 물건이라도 짐이 되는 경우가 많다. 이 책은 휴대하기 편한 포켓사이즈라 짐도 되지 않고, 주머니 속에 쏙 들어가므로 휴대하기 편리하다.

부록

알아둡시다

🛂 여권

해외여행 중에 여행지[...]
국제적으로 증명할 수 있[...]
체류하는 동안 반드시 휴[...]
240개의 여권 발급기관에서[...]

각 여권 발급 기관은 외교부[...]
www.passport.go.kr/issue/agency.php 를 참조할 것

또한 여권 신청은 본인이 직접 방문하여 신청하여야 한다.

🛂 무비자

홍콩은 90일 이내 체류 시 비자 없이 입국이 가능하다.

🛂 환전

출국하기 전에 미리 시중 은행에서 홍콩달러로 환전하는 것이 가장
좋다. 공항에서 환전할 경우에는 높은 수수료를 내야하기 때문에 가급적
시중 은행에서 환전하는 것이 좋다. 홍콩에서도 원화를 홍콩 달러로
환전할 수 있지만, 환율이 상당히 나쁘기 때문에 우리나라에서 환전할
때보다 훨씬 더 손해를 볼 수 있다.
여행자수표는 홍콩에서 사용하기가 상당히 불편하기 때문에 사용하지
않는 것이 좋다. 우리나라에서는 홍콩 달러 여행자수표를 구입할 수

없으므로, 미국 달러 여행자 수표를 구입한 후 홍콩에서 다시 환전을
해야 한다. 이렇게 되면 상당히 번거로울 뿐 아니라, 환전을 두 번 하는
과정에서 많은 수수료를 물어야하므로 적지 않은 손해를 볼 수 있다.

🐹 신용카드

홍콩은 신용카드 사용이 보편화되어 있기 때문에 소규모 상점이나
식당, 노점상을 제외한 모든 곳에서 편리하게 사용할 수 있다.
하지만 해외에서 신용카드를 사용할 경우 수수료가 은근히 높기
때문에 되도록 현금을 사용하는 것이 좋다.

🐹 항공권

항공권 비행기 표에 출발날짜와 귀국날짜가 제대로 기재되어 있는지
확인하도록 한다. 또한 영문 이름이 제대로 기재되어 있는지도
꼼꼼하게 살펴보아야 한다. 여권의 영문이름과 항공권의 영문
이름은 반드시 일치해야 하는데 스펠링이 하나라도 달라서는 안 된다. 만약 다를
경우 출발이 불가능하므로 다시 한 번 세심하게 확인하는 것이 좋다.

🐹 여행자보험

여행 중에 발생할 수 있는 만약의 사태에 대비하여 해외여행자 보험에
가입하는 것이 필요하다. 해외여행자보험은 일반 생명보험이나
상해보험과는 달리 가격이 상당히 저렴하기 때문에 부담 없이 가입할
수 있다. 여행 중 병원 치료를 받았을 경우에는 진단서와 진료비
영수증을 꼭 받아와야 하며, 휴대품을 도난당했을 경우에는 현지
경찰서에서 도난사실 확인서 도난 증명서, Police Reporter를 작성해야
한다. 그래야만 귀국 후 이에 따른 보상을 받을 수 있다.

준비물

아래의 체크 리스트는 해외여행 시 필요한 일반적인 준비물이다. 각자의 상황에 맞게 참고하여 빠진 것 없이 꼼꼼하게 준비하도록 하자.

필수품 귀중품	품 목	Y	N
	• 여권	☐	☐
	• 항공권	☐	☐
	• 현금 현지화폐	☐	☐
	• 신용카드	☐	☐
	• 비상약품	☐	☐
	• 핸드폰	☐	☐

※ 홍콩은 90일 이내 체류 시 비자를 받을 필요가 없다.
※ 여권은 사진이 부착된 면을 1~2장 복사해 지니도록 한다.
※ 홍콩에서는 여행자수표의 사용이 불편하니 사용하지 않는 것이 좋다.
※ 위의 항목들은 반드시 번호와 발행처를 메모하거나 복사해둔다.

선택	품 목	Y	N
	• 수건, 칫솔, 치약, 빗	☐	☐
	• 면도기, 헤어드라이어	☐	☐
	• 옷, 속옷, 양말	☐	☐
	• 우산	☐	☐
	• 핸드폰 충전기, 카메라 충전기	☐	☐
	• 여행안내 책자, 지도	☐	☐
	• 화장품, 생리용품, 화장지	☐	☐
	• 필기도구, 메모지	☐	☐
	• 여권용 사진 2매	☐	☐

※ 중급 이상의 호텔이 아닌 경우 칫솔, 치약, 빗, 면도기, 헤어드라이어 등은 챙겨 가는 것이 좋다.

※ 여권용 사진은 여권 재발급 시 필요하다.

홍콩에 대해

홍콩 Hong Kong은 광동어로 헹꽁 香港이라고 하는데, 이는 과거 홍콩이 향나무 香를 수출하는 항구 港였기 때문에 이렇게 불리게 된 것이다. 현재 동서양을 잇는 주요 무역 항구이자 세계 금융의 중심지인 홍콩은 영국과 맺은 남경조약으로 인해 1898년부터 1997년까지 99년간 영국의 통치를 받았다. 1997년 7월 1일 중국에 반환된 이후 지금까지 홍콩은 1국가 2체제 원칙에 의해 중화인민공화국의 특별행정구로 운영되고 있다. 또한 홍콩은 홍콩섬 香港島과 구룡반도 九龍, 신계지 新界 및 란타우 섬 大嶼山으로 구성되어 있으며, 면적은 서울 크기의 약 1.8배에 해당하는 1,100㎢에 달한다.

공식명칭	중화인민공화국 홍콩특별행정구
면 적	1,100㎢ 서울의 약 1.8배
인 구	약 700만 명 95%가 중국인
언 어	광동어, 영어, 표준중국어 95%는 광동어, 38%는 영어
종 교	대부분 불교와 도교 하지만 종교의 자유는 철저히 보장함
시 차	한국시간 -1시간 한국이 3시면 홍콩은 2시

기후와 계절

아열대 기후에 속하는 홍콩은 봄, 여름, 가을, 겨울이 존재하지만, 한국처럼 계절의 변화가 뚜렷하지 않으며 무더운 날이 상당히 오래 지속된다. 4월 이후부터 더위가 시작되며 12월이라도 덥게 느껴지는 날들이 많다. 특히 여름은 햇볕이 강렬하게 내리쬐는데다가 습도도 높기 때문에 푹푹 찌는 듯 무더우며, 비도 많이 오기 때문에 습도가 90%를 넘는 경우가 허다하다. 하지만 건물들은 에어컨을 춥다 싶을 정도로 틀어놓으니 실내에 오랜 시간 머무를 경우에는 얇은 긴팔 옷을 하나쯤 가지고 다니는 것도 좋다.

겨울은 기온이 10℃ 이하로 내려가는 날이 거의 없지만, 홍콩은 난방 장치가 발달되지 않아 실내가 실외보다 훨씬 더 춥다. 그렇기 때문에 실내에서도 두툼한 옷을 입고 있어야 추위를 덜 느끼게 된다.

🙂 언어

홍콩의 공용어는 영어와 중국어로, 중국어의 경우에는 광동어가 보편적으로 사용되고 있다. 홍콩 인구의 95%는 광동어를 사용하고 있고 38%는 영어를 사용하고 있다. 홍콩이 중국에 반환된 이후 표준중국어를 구사할 줄 아는 사람들이 많아지긴 했지만, 홍콩에서는 여전히 광동어가 주요 언어로 사용되고 있다. 특히 표준중국어를 사용하는 경우에는 의사소통에는 아무런 문제가 없지만, 반중정서로 인해 상당히 형식적이고 경직된 대우를 받게 될 수 있으니 되도록이면 광동어로 말하는 것이 좋다.

🙂 홍콩인의 특징

홍콩이 과거 99년간 영국의 식민지였던 까닭에 동양과 서양의 특징을 동시에 지니고 있다. 특히 홍콩 사람들은 서양의 객관적이고 이성적인 성향과 동양의 미신적인 성향을 모두 지니고 있는데, 그만큼 홍콩은 동서양의 문화가 잘 어우러져 있는 곳이라고 할 수 있다.

또한 홍콩 사람들은 자신들이 홍콩 사람이라는 정체성과 자부심이 남다르기 때문에, 중국 사람으로 오인되는 것을 극도로 싫어한다.

끊임없이 지속되어 온 반중감정과 최근에 일어난 우산혁명에서도 잘 알 수 있듯이, 홍콩이 중국에 반환되었어도 그들은 여전히 중국 사람이 아닌 홍콩 사람이라고 생각한다. 그렇기 때문에 홍콩 사람들을 보게 되면 그들에게 중국 사람이라고 하는 일이 없도록 각별히 주의하자.

🐸 팁

홍콩 호텔에서의 팁은 생활화되어 있기 때문에 잊지 말고 꼭 주어야 한다. 중국처럼 생각하고 팁을 주지 않는 사람들도 있는데, 그렇게 되면 개념 없는 사람 취급을 받을 수 있으니 팁은 꼭 주도록 하자.

🐸 와이파이

공항이나 터미널, 대형 쇼핑몰, 도서관, 공원, 커피 전문점, 식당에서 인터넷을 무료로 사용할 수 있다. 홍콩정부에서 제공하는 **무료 Wi-Fi**를 사용할 수 있는 지역에는 GovWiFi 香港政府WiFi通라는 표시가 되어 있는데, 이곳에서 Wi-Fi를 연결할 때에는 Freegowifi 를 선택하고 첫 화면 동의 항목에서 I Accept를 누르기만 하면 된다. 하지만 일부 호텔에서는 **Wi-Fi**를 접속할 경우 요금이 발생할 수도 있으니, 미리 문의한 후에 사용하는 것이 좋다.

🐸 전압

우리나라와 마찬가지로 220V이다. 하지만 플러그의 모양은 우리와 다르게 발이 세 개나 달려있기 때문에, 홍콩에서는 멀티플러그를 사용해야 한다. 한국에서 준비해 가거나 홍콩에서 구입하면 된다.

🌀 국경일

★ 새해 첫날 양력 1월 1일

★ 설날 음력 1월 1일, 2일, 3일

★ 청명절 양력 4월 5일 전후

★ 부활절 양력 3월 22일~ 4월 26일 사이

★ 근로자의 날 양력 5월 1일

★ 석가탄신일 음력 4월 8일

★ 단오절 음력 5월 5일

★ 홍콩특별행정구 수립 기념일 양력 7월 1일

★ 중추절 음력 8월 15일

★ 중화인민공화국 수립 기념일 **국경절** 양력 10월 1일

★ 중양절 음력 9월 9일

★ 크리스마스 양력 12월 25일, 26일

긴급상황

🐼 여권분실

홍콩 주재 대한민국 총영사관 ☎ 852-2529-4141을 찾아가 여권을 재발급 받도록 한다. 먼저 경찰서에 여권 분실 신고를 한 뒤, 분실증명서를 발급받는다. 분실한 여권 사본, 여권용 사진 2매, 주민등록증 국내 신분증, 항공권을 지참하고 한국 총영사관을 방문하여 여권을 재발급 받는다. 여행을 떠나기 전 여권 분실에 대비하여 여권의 사진이 부착된 면을 1-2장 정도 복사해서 가져가는 것이 좋다.

🐼 신용카드분실

분실 사고 발생 즉시 한국의 해당 카드회사로 연락하여 신용카드 거래 중지를 요청하여야 한다. 제3자의 사용을 막기 위해서이다. 신용카드의 번호와 유효기간, 카드 회사의 전화번호를 따로 기재해 두면 분실 시 좀 더 쉽게 대처할 수 있다.

★ 분실신고 연락처_서울			
비씨카드	82-2-330-5701	삼성카드	82-2-2000-8100
신한카드	82-1544-7000	씨티카드	82-2-2004-1004
우리카드	82-2-2169-5001	하나카드	82-2-3489-1000
현대카드	82-2-3015-9000	국민카드	82-2-6300-7300
농협카드	82-2-6942-6478	롯데카드	82-2-2280-2400

현금분실

신용카드를 지니고 있는 경우, 홍콩에 있는 현금 자동 지급기로 현금 서비스를 받을 수 있다. 씨티은행에서는 한국어로 안내하는 현금자동지급기도 이용할 수 있다. 신용카드마저 잃어버렸을 경우에는, 홍콩에 있는 우리나라 은행을 찾아가 여권을 제시한 후 계좌를 개설하고 한국에서 송금을 받도록 한다.

항공권 분실

분실한 항공권의 해당 항공사 지점을 찾아가 분실 신고를 하면 된다. 분실한 항공권의 번호와 예약 번호, 구입 장소 등의 기본적인 사항을 알고 있으면 좀 더 수월하게 처리할 수 있다. 하지만 할인 항공권의 경우에는 재발급이 불가능하므로 홍콩에서 귀국용 항공권을 따로 구입해야 한다.

치안

홍콩은 치안이 아주 좋기로 유명한 곳으로, 사람들이 붐비는 지역은 곳곳에 경찰들이 지키고 있다. 하지만 아무리 치안이 좋다고 하더라도 재래시장과 같이 관광객들이 많이 몰리는 지역에는 소매치기가 자주 출몰한다. 특히 레이디스 마켓 주변에는 소매치기 사고가 자주 발생하므로 많은 현금이나 귀중품은 소지하지 않는 것이 좋다. 또한 배낭은 될 수 있으면 앞으로 매는 것이 좋고, 특히 저녁 시간은 날이 어두워 시야확보가 어려울 수 있으니 소지품 관리에 각별히 유의해야 한다.

기본표현

광동어의 성조

이 책에서는 독자들의 편의를 위해, 광동어 발음을 한글로 표기하였다. 또한 성조는 한글 옆에 2개의 작은 숫자로 표기하였다. 2개의 숫자 중에서 앞의 숫자는 시작하는 음의 높이를 나타내고, 뒤의 숫자는 끝나는 음의 높이를 나타낸다. 광동어의 9개 성조 높낮이는 모두 다음과 같다.

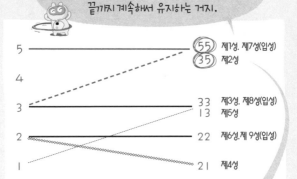

예를 들어 55는 높은 음(5)으로 시작해서 높은 음(5)으로 끝나는 거야. 즉 높은 음을 처음부터 끝까지 계속해서 유지하는 거지.

5 ———————————— 55	제1성, 제7성(입성)
35	제2성
4	
3 ———————————— 33	제3성, 제8성(입성)
13	제5성
2 ———————————— 22	제6성, 제9성(입성)
1 ———————————— 21	제4성

또한 35는 중간 음(3)에서 시작하여 높은 음(5)으로 끝나는 거야. 즉 중간에서 시작한 음이 끝날 때까지 계속해서 위로 올라가는 거지.

앞의 9개의 성조 중 제7성(55), 제8성(33), 제9성(22)의 성조는 제1성(55), 제3성(33), 제6성(22)과 높낮이가 똑같다. 하지만 제7성~제9성의 성조는 각 글자의 발음이 ㄱ, ㅂ, ㅅ 받침(입성)으로 끝난다는 것이 제1성, 제3성, 제6성과는 다른 점이다.

이 9개 성조의 높낮이와 각 성조에 해당하는 글자를 예로 들어보면 다음과 같다.

제1성 ˥55	多	또55	많다
제2성 ˧˥35	錢	친35	돈
제3성 ˧33	去	호위33	가다
제4성 ˨˩21	唔	음21	~이 아니다
제5성 ˩˧13	你	네이13	너, 당신
제6성 ˨22	賣	마~이22	팔다
제7성 ˥55	一	얏55	일(1), 하나
제8성 ˧33	國	꿕33	나라
제9성 ˨22	入	압22	들어가다

★ 성조에 관한 자세한 사항은 열공 광동어 첫걸음(처음편, 실전편)을 참고하도록 하자.

인사

누군가를 만났을 때는 **你好** _{네이 호우} 라고 하고, 헤어질 때는 **再見** _{쪼이 낀} 이라고 한다. 하지만 홍콩 사람들은 你好보다는 **哈佬** _{하~로우} 를, 再見 보다는 **拜拜** _{빠~이 빠~이} 를 더 많이 쓴다.

안녕하세요?	네이13 호우35 **你好!**
안녕하세요(아침 인사).	쪼우35 싼21 **早晨!**
오랜만입니다.	호우35 노이22 모우13 낀33 **好耐冇見。**
요즘 어떠세요?	니55 파~이35 띰35 아~33 **呢排點呀?**
아주 잘 지냅니다.	호우35 호우35 **好好。**
잘 지냅니다.	께이35 호우35 **幾好。**
그냥 그렇습니다.	마~21 마~35 떼이35 **麻麻哋。**
안녕히 가세요/계세요.	쪼이33 낀33 **再見。**
헬로우, Hello	하~55 로우35 **哈佬!**
바이바이, Bye-bye	빠~이55 빠~이33 **拜拜。**

홍콩 사람은 자신들이 중국 사람이라고 생각하지 않는다. 자신들은 홍콩 사람이기 때문이다. 특히 중국인들의 무례한 행동 때문에 홍콩에 반중 정서가 확산되어 있으니, 홍콩 사람을 만났을 때는 그들에게 중국 사람인지 물어보는 일은 없도록 하자.

첫만남

기본
표현
인사
첫만남
대답
감사
사과
감정
허락
금지
축하
기원
질문
가격
숫자
시간
월/일
요일
계절
가족
색깔
방향
인칭
대명사

만나서 반갑습니다.	호우35 꼬우 55 헹33 옝22 쎅55 네이13 好高興認識你。
잘 부탁드립니다.	쳉35 또55 또55 찌35 까우33 請多多指教。
성씨가 어떻게 되세요?	네이13 꽈이33 쎙33 아~33 你貴姓呀？
저는 레이(李)씨입니다.	(응)오13 쎙33 레이13 我姓李。
성함이 어떻게 되세요?	네이13 끼우33 맛55 예13 멩35 아~33 你叫乜嘢名呀？
찌우얀텡 조은정 이라고 합니다.	(응)오13 끼우33 찌우22 안55 텡13 我叫趙恩梃。
어디에느 나라,어느 지역사람 인가요?	네이13 하이22 삔55 또우22 얀21 아~33 你係邊度人呀？
한국사람이에요.	(응)오13 하이22 혼21 꿕33 얀21 我係韓國人。
일본사람이세요?	네이13 하이22 음21 하이22 얏22 뿐35 얀21 아~33 你係唔係日本人呀？
아니에요, 홍콩사람이에요.	음21 하이22,(응)오13 하이22 횅55 꽁35 얀21 唔係，我係香港人。

대답

대답하는 표현들은 간단하므로 쉽게 익힐 수 있다. 이 표현들을 제대로 익혀 필요한 상황에서 자신 있게 사용할 수 있도록 해보자.

네.	하이22 係。
아니오.	음21 하이22 唔係。
있습니다.	야우13 有。
없습니다.	모우13 冇。
맞습니다.	암~55 啱。
틀립니다.	초33 錯。
계십니다.	하이35 또우22 喺度。
안 계십니다.	음21 하이35 또우22 唔喺度。
압니다.	찌55 知。
모릅니다.	음21 찌55 唔知。

초보여행자도 한번에 찾는다

광동어에서 **감사하다**는 표현은 두 가지가 있다. 호의를 베푼 경우에는 **唔該** 음 꼬이 라고 하고, 선물이나 칭찬을 받은 경우에는 **多謝** 또 쩨 라고 한다. 상황에 따라 이 두 가지를 구분해서 사용하도록 하자.

감사
사과

감사합니다.	호의를 베푼 경우	음21 꼬이55 **唔該。**
정말 감사합니다.		음21 꼬이55 싸~이33 **唔該晒。**
감사합니다.	선물이나 칭찬을 받은 경우	또55 쩨22 **多謝。**
아니에요, 별말씀을요. 唔該에 대한 대답		음21 싸이35 음21 꼬이55 **唔使唔該。**
아니에요, 별말씀을요. 多謝에 대한 대답		음21 싸이35 또55 쩨22 **唔使多謝。**
아니에요, 별말씀을요. 唔該 多謝에 대한 대답		음21 싸이35 학~33 헤이33 **唔使客氣。**
수고하셨습니다.		싼55 푸35 싸~이33 **辛苦晒。**
죄송합니다.		또위33 음21 쮜22 **對唔住。**
미안합니다, 실례합니다.		음21 호우35 이33 씨55 **唔好意思。**
괜찮습니다.		음21 깐35 이우33 **唔緊要。**

기본
표현

인사
첫만남
대답
감사
사과
감정
허락
금지
축하
기원
질문
가격
숫자
시간
월/일
요일
계절
가족
색깔
방향
인칭
대명사

감정

광동어에서 **好** 호우 는 **좋다**라는 뜻 이외에, **아주, 정말**이라는 뜻도 있다. 감정을 나타내는 표현에 好를 쓰면, 자신의 감정을 더욱 강조해서 말할 수 있다.

와, 정말 좋아요!	호우35 예13 **好嘢!**
정말 대단해요!	호우35 싸이55 레이22 **好犀利!**
정말 기뻐요.	호우35 호이55 쌈55 **好開心。**
정말 예뻐요.	호우35 렘33 아~33 **好靚呀!**
정말 멋져요.	호우35 영21 아~33 **好型呀!**
정말 운이 좋아요.	짠55 하이22 호우35 초이35 **真係好彩!**
정말 안 됐어요.	호우35 참~35 아~33 **好慘呀!**
기쁘지가 않아요.	음21 호이55 쌈55 **唔開心。**
미쳤구나!	치55 씬33 **黐線!**
큰일 났다!	빠이22 라~33 **弊喇!**

됩니다는 得_딱 이나 **可以**_{호이} 라고 하면 되고, **안 됩니다**는 唔得 _{음 딱} 이나 唔可以 _{음 호 이} 라고 하면 된다. 부정의 표현은 긍정 앞에 唔 _음 을 붙이면 된다. 광동어에서 唔은 **~이 아니다**라는 뜻이다.

허락
금지

됩니다.	딱55 **得。**
안 됩니다.	음21 딱55 **唔得。**
됩니다.	호35 이13 **可以。**
안 됩니다.	음21 호35 이13 **唔可以。**
편한 대로 하십시오.	씨22 딴~22 라~55 **是但啦！**
편한 대로 하십시오.	초위21 삔35 라~55 **隨便啦！**
아무래도 상관없습니다.	모우13 쏘35 와이22 **冇所謂。**
안심 하십시오.	네이13 퐁33 쌈55 라~55 **你放心啦！**
문제없습니다.	모우13 만22 타이21 **冇問題。**
그러지 마십시오.	음21 오후35 깜35 라~55 **唔好噉啦！**

新年快樂 싼 닌 파~이 록 과 **恭喜發財** 꽁 헤이 팟~ 초이 는 새해 축하 인사말로 쓰이고 있는데, 양력설에는 보통 **新年快樂**이라고 하고, 음력설에는 **恭喜發財**라고 한다.

생일 축하합니다!

쌍~55 얏22 파~이33 록22
生日快樂!

메리 크리스마스!

쎙33 딴~33 파~이33 록22
聖誕快樂!

새해 복 많이 받으세요!

싼55 닌21 파~이33 록22
新年快樂!

부자 되세요!

꽁55 헤이35 팟~33 초이21
恭喜發財!

활력 넘치시길 빕니다!

롱21 마~13 쩽55 싼21
龍馬精神!

만사형통하시길!

만~22 씨22 쎙33 이33
萬事勝意!

축하합니다.

꽁55 헤이35 네이13
恭喜你!

축하합니다.

꽁55 헤이35 싸~이33
恭喜晒!

가시는 길 순조롭길 바랍니다!

얏55 로우22 쏜22 퐁55
一路順風!

재미있게 놀다 오세요!

완~35 딱55 호이55 쌈55 띠55 라~55
玩得開心啲啦!

홍콩에서는 나이나 수입, 결혼여부 등을 물어보는 것은 실례이므로, 이러한 질문들은 하지 않는 것이 좋다.

질문

무슨 일이에요?	메55 씨22 아~33 **咩事呀?**	기본 표현
(이렇게 하면) 됩니까?	딱55 음21 딱55 아~33 **得唔得呀?**	인사 첫만남
왜요?	띰35 까~이35 아~33 **點解呀?**	대답 감사 사과
언제요?	께이35 씨21 아~33 **幾時呀?**	감정 허락
어떡하면 좋죠?	띰35 쒼33 호우35 아~33 **點算好呀?**	금지 축하
어떻게 가나요?	띰35 호위33 아~33 **點去呀?**	기원 질문
어디로 가나요?	호위33 삔55 또우22 아~33 **去邊度呀?**	가격 숫자
지금 몇 시 인가요?	이21 까~55 께이35 띰35 (쫑55) 아~33 **而家幾點(鐘)呀?**	시간 월/일
좋아하니? 마음에 드니?	쫑55 음21 쫑55 이33 아~33 **鍾唔鍾意呀?**	요일 계절 가족
광동어 할 줄 아시나요?	네이13 쎅55 음21 쎅55 꽁35 꿤35 똥55 와~35 아~33 **你識唔識講廣東話呀?**	색깔 방향 인칭 대명사

가격

광동어에서 가격을 깎아달라는 표현은 아래와 같이 여러 가지가 있으니, 잘 익혀서 홍콩 여행 시 사용해 보도록 하자.

얼마입니까?

께이35 또55 친35 아~33
幾多錢呀?

전부 얼마입니까?

얏55 꽁22 께이35 또55 친35 아~33
一共幾多錢呀?

어떻게 파나요?

띰35 마~이22 아~33
點賣呀?

너무 비싸요.

타~이33 꽈이33 라~33
太貴喇。

깎아주세요.

펭21 띠55 라~55
平啲啦!

좀 싸게 해 주세요.

펭21 띠55 딱55 음21 딱55 아~33
平啲得唔得呀?

좀 더 싸게 해 주실 수 있나요?

쫑22 야우13 모우13 딱55 펭21 띠55 아~33
仲有冇得平啲呀?

정말 쌉니다.

호우35 펭21
好平!

할인 되나요?

야우13 모우13 찟33 아~33
有冇折呀?

영수증을 주세요.

음21 꼬이55 뻬이35 싸우55 꼬위33 (응)오13
唔該畀收據我。

3자리 이상의 수에서 가운데에 0이 있을 경우에는 0 零, 렝 을 꼭 읽어 주어야 한다. 아래의 예시와 같이 108은 一百零八 얏 빡~ 렝 빳 이라고 해야 하는데, 한국식으로 一百八 얏 빡~ 빳~ 이라고 하게 되면 108이 아니라 180이 되어버린다.

숫자

0 영	零 렝 21	20	이십	二十 이22 쌉22
1 일	一 얏55	100	백	一百 얏55 빡~33
2 이	二 이22	1,000	천	一千 얏55 친55
3 삼	三 쌈~55	10,000	만	一萬 얏55 만~22
4 사	四 쎄이33	100,000	십만	十萬 쌉22 만~22
5 오	五 응13	1,000,000	백만	一百萬 얏55 빡~33 만~22
6 육	六 록22	108		一百零八 얏55 빡~33 렝21 빳~33
7 칠	七 찻55	2,340		二千三百四十 이22 친55 쌈~55 빡~33 쎄이33 쌉22
8 팔	八 빠~33	56,789		五萬六千七百八十九 응13 만~22 록22 친55 찻55 빡~33 빠~33 쌉22 까우35
9 구	九 까우 35	한 사람		一個人 얏55 꼬33 얀21
10 십	十 쌉 22	두 사람		兩個人 렝13 꼬33 얀21
11 십일	十一 쌉22 얏55	세 사람		三個人 쌈~55 꼬33 얀21

기본
표현

인사
첫만남
대답
감사
사과
감정
허락
금지
축하
기원
질문
가격
숫자
시간
월/일
요일
계절
가족
색깔
방향
인칭
대명사

시간
때

시간을 나타내는 표현은 여러 가지가 있다.
해를 나타낼 때는 **年** 닌을 쓰고, **달**을 나타낼
때는 **月** 윗, **날**은 **日** 얏, **주**는 **禮拜** 라이 빠~이 를
쓴다.

작년	까우22 닌35 舊年	지난 달	쌩22 꼬33 윗22 上個月
올해	깜55 닌35 今年	이번 달	니55 꼬33 윗22 呢個月
내년	춧55 닌35 出年	다음 달	하~22 꼬33 윗22 下個月

어제	캄21 얏22 琴日	지난 주	쌩22 꼬33 라이13 빠~이33 上個禮拜
오늘	깜55 얏22 今日	이번 주	니55 꼬33 라이13 빠~이33 呢個禮拜
내일	텡55 얏22 聽日	다음 주	하~22 꼬33 라이13 빠~이33 下個禮拜

오전	쌩22 짜우33 上晝	오후	하~22 짜우33 下晝
낮	안~33 짜우33 晏晝	밤	예22 만~13 夜晩

초보여행자도 한번에 찾는다

월이나 **일**을 표현하는 방법은 한국어와 똑같다. 하지만 이틀은 二日이 아닌 **兩日** 룅 얏 이라고 해야 한다. 연도를 말할 때는 각각의 숫자를 하나씩 읽으면 된다.

1월	얏55 윗22 一月	하루	얏55 얏22 一日	
2월	이22 윗22 二月	이틀	룅13 얏22 兩日	
3월	쌈~55 윗22 三月	사흘	쌈~55 얏22 三日	
4월	쎄이33 윗22 四月	나흘	쎄이33 얏22 四日	
5월	응13 윗22 五月	닷새	응13 얏22 五日	
6월	록22 윗22 六月	엿새	록22 얏22 六日	
7월	찿55 윗22 七月	이레	찿55 얏22 七日	
8월	빠~33 윗22 八月	여드레	빠~33 얏22 八日	
9월	까우35 윗22 九月	아흐레	까우35 얏22 九日	
10월	쌉22 윗22 十月	열흘	쌉22 얏22 十日	
11월	쌉22 얏55 윗22 十一月	열하루	쌉22 얏55 얏22 十一日	
12월	쌉22 이22 윗22 十二月	이십일	이22 쌉22 얏22 二十日	

이십삼일	이22 쌉22 쌈~55 얏22 二十三日
2017년 3월 14일	이22 렝21 얏55 찿55 닌21 쌈~55 윗22 쌉22 쎄이33 호우22 二零一七年 三月 十四號

시간
요일/계절

요일을 표현할 경우 월요일부터 토요일까지는
禮拜 라이 빠~이 나 星期 쎙 케이 뒤에 ─ 얏 부터
六 록 까지의 숫자를 붙이면 되고, 일요일은
日 얏 을 붙이면 된다.

월요일	라이13 빠~이33 얏55 **禮拜一** /	쎙55 케이21 얏55 **星期一**
화요일	라이13 빠~이33 이22 **禮拜二** /	쎙55 케이21 이22 **星期二**
수요일	라이13 빠~이33 쌈~55 **禮拜三** /	쎙55 케이21 쌈~55 **星期三**
목요일	라이13 빠~이33 쎄이33 **禮拜四** /	쎙55 케이21 쎄이33 **星期四**
금요일	라이13 빠~이33 응13 **禮拜五** /	쎙55 케이21 응13 **星期五**
토요일	라이13 빠~이33 록22 **禮拜六** /	쎙55 케이21 록22 **星期六**
일요일	라이13 빠~이33 얏22 **禮拜日** /	쎙55 케이21 얏22 **星期日**
봄	촌55 틴55 **春天**	
여름	하~22 틴55 **夏天**	
가을	차우55 틴55 **秋天**	
겨울	똥55 틴55 **冬天**	

34
초보여행자도 한번에 찾는다

광동어는 한국어와 달리 형/오빠, 누나/
언니의 구분이 없다. 또한 **女** 노위 는 여자가
아닌 딸이라는 뜻이다. 광동어에서 여자는
女仔 노위 짜이 라고 한다.

가족

할아버지	아~33 예21 **阿爺**	할머니	아~33 마~21 **阿嫲**	
외할아버지	아~33 꽁55 **阿公**	외할머니	아~33 포21 **阿婆**	
아빠	빠~21 빠~55 **爸爸**	엄마	마~21 마~55 **媽媽**	
남편	로우13 꽁55 **老公**	아내	로우13 포21 **老婆**	
형/오빠	따~이22 로우35 **大佬**	누나/언니	까~55 쩨55 **家姐**	
남동생	싸이33 로우35 **細佬**	여동생	싸이33 무이35 **細妹**	
형제자매	헹55 따이22 찌35 무이35 **兄弟姊妹**	아들	짜이35 **仔**	
딸	노위35 **女**	자녀	짜이35 노위35 **仔女**	
외아들	똑22 짜이35 **獨仔**	외동딸	똑22 노위35 **獨女**	
손자	쒼55 짜이35 **孫仔**	손녀	쒼55 노위35 **孫女**	

색깔
방향

색깔은 각각의 색깔을 나타내는 글자에 **色** 쎄을 붙이면 되고, 방향은 각각의 방향을 나타내는 글자에 **面** 민을 붙이면 된다.

색깔	(응)안~21 쎄55 **顏色**	동쪽	똥55 민22 **東面**
흰색	빠~22 쎄55 **白色**	서쪽	싸이55 민22 **西面**
검은색	하55 쎄55 **黑色**	남쪽	남~21 민22 **南面**
노란색	윙21 쎄55 **黃色**	북쪽	빠55 민22 **北面**
빨간색	홍21 쎄55 **紅色**	위쪽	쌤22 민22 **上面**
파란색	람~21 쎄55 **藍色**	아래쪽	하~22 민22 **下面**
초록색	록22 쎄55 **綠色**	왼쪽	쯔35 민22 **左面**
보라색	찌35 쎄55 **紫色**	오른쪽	야우22 민22 **右面**
오렌지색	창~35 쎄55 **橙色**	앞쪽	친21 민22 **前面**
커피색	까~33 페55 쎄55 **咖啡色**	뒤쪽	하우22 민22 **後面**
분홍색	판35 홍21 쎄55 **粉紅色**	옆쪽	짝55 삐55 **側邊**

초보여행자도 한번에 찾는다

나, 너, 그/그녀에 **哋** ^{때이}만 붙이면 **우리들,
너희들, 그들/그녀들**이 된다. 광동어는
표준중국어와는 달리 너와 당신(존칭)의 구분이
없으며, 그와 그녀, 그들과 그녀들의 구분도 없다.

인칭
대명사

	단 수	복 수
제1인칭	^{(응)오13} 我 나	^{(응)오13 때이22} 我哋 우리들
제2인칭	^{네이13} 你 너/당신	^{네이13 때이22} 你哋 너희들
제3인칭	^{코위13} 佢 그/그녀	^{코위13 때이22} 佢哋 그들/그녀들

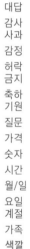

본문

출 국

인천 국제공항은 모두 4개 층인데, 출국장은 3층에 있고, 입국장은 1층에 있다. 리무진 버스를 이용하면 3층에 있는 출국장 앞에서 바로 내릴 수 있다. 출국하는 사람들이 많으면 보안 검색과 출국 심사에도 시간이 상당히 많이 걸리고, 출국 심사대에서 탑승 게이트까지의 거리도 꽤 멀기 때문에 비행기 출발 3시간 전까지는 공항에 도착하는 것이 안전하다.

🛂 출국순서(인천 공항)

탑승수속	여권과 항공권을 가지고 해당 항공사 데스크로 간다. 수하물을 위탁하고 탑승권과 수하물표를 받는다.
▼	
세관신고	세관에 귀중품과 고가품은 미리 신고하여야 한다. 또한 이 때 받게 되는 휴대품 반출 확인서를 귀국 시 제출하여야만 세금을 면제받을 수 있다.
▼	
보안검색	탑승수속 및 각종신고 완료 후 보안검색을 받아야 한다.
▼	
출국심사	여권과 탑승권을 제시한다. 여권에 출국 스탬프를 받은 후 출국 심사대를 통과한다.
▼	
탑승대기	면세점을 이용할 수 있으며, 출발 시간 30~40분 전까지 해당 탑승구로 이동하여 기다리면 된다.

• 공항 면세점

필요한 선물이나 기념품등을 면세 가격으로 직접 구입할
수 있다. 시내 면세점이나 인터넷 면세점에서 구입한
상품을 공항의 면세품 인도장에서 수령해도 된다.
은행에서 환전을 하거나 공항 리무진을 이용하는 경우,
또는 해외로밍을 신청하는 경우에 면세점 할인 쿠폰을 배부
하기도 하니 이러한 기회를 잘 이용하는 것도 좋은 방법이다.

기내 서비스

• 기내 서비스

대부분의 항공사들은 기내에서 식사, 음료수, 주류 등을
무료로 제공하고 있지만, 일부 저가 항공사들은 유료로
제공하고 있기 때문에 항공권 구입 시 잘 알아보고
이용해야 한다. 또한 기내에서는 전 구간 금연을 실시하고
있으며, 간단한 구급약품도 준비되어 있다. 신문, 잡지
등을 볼 수 있으며, 음악과 영화도 감상할 수 있다.

• 기내 면세품 판매

기내에서는 화장품, 담배, 주류 등의 상품을 면세로
판매한다. 시간이 촉박하여 면세점에서 상품을 구입
하지 못했다면 기내에서 구입하면 된다.

출국

국내항공기나 홍콩항공기 모두 한국인 승무원이 탑승하고
있으므로, 언어 소통에 있어서 불편함은 없다.

자주 쓰이는 표현_1

- 제 자리는 어디인가요?

  (응)오13 꼬33 와이35 하이35 삔55 또우22 아~33

  我個位喺邊度呀?

···› 손님 좌석은 <u>21C</u>입니다.

  네이13 꼬33 와이35 하이22 이22 쌉22 얏55 씨55

  你個位係 21C 。

바꿔 말하기

- **15A**   쌉22 응13 에이55

- **37D**   쌈~55 쌉22 찻55 띠55

- **43F**   쎄이33 쌉22 쌈~55 에프55

한국에서 홍콩까지의 비행시간은 약 4시간이다.

자주 쓰이는 표현_2

• 언제 홍콩에 도착하나요?

께이35 씨21 또우33 횅55 꽁35 아~33

幾時到香港呀?

···▸ 30분 후에 도착합니다.

쌈~55 쌉22 판55 쫑55 찌55 하우22 또우33

三十分鐘之後到。

바꿔 말하기

• 20분	二十分鐘	이22 쌉22 판55 쫑55	
• 1시간	一個鐘頭	얏55 꼬33 쫑55 타우21	
• 2시간	兩個鐘頭	렝13 꼬33 쫑55 타우21	

▶ 탑승권 좀 보여주세요.

음21 꼬이55 뻬이35 땅55 께이55 쩽33 (응)오13 타이35 하~13

唔該畀登機證我睇吓。

▶ 좀 지나가겠습니다.

음21 꼬이55 쩨33 쩨33

唔該借借。

▼ 자리를 바꾸고 싶습니다.

(응)오13 쌩35 띠우22 와이35

我想調位。

▼ 제 자리는 어디인가요?

(응)오13 꼬33 와이35 하이35 삔55 또우22 아~33

我個位喺邊度呀?

- -

▶ 이쪽입니다.

하이35 니55 삔22

喺呢便。

▼ 짐을 좀 올려주세요.

음21 꼬이55 뽕55 (응)오13 렝55 낀22 항21 레이13 쌩13 호위33 아~33

唔該幫我拎件行李上去呀。

▶ 비행기가 곧 이륙하겠습니다.

홍21 빤~55 쩩55 쨍55 헤이35 페이55

航班即將起飛。

출국

탑승

기내
서비스

활용
어휘

▶ 안전벨트를 매어 주십시오.

음21 꼬이55 카우33 호우35 온55 췬21 따~이35

唔該扣好安全帶。

▼ 홍콩은 지금 몇 시인가요?

횅55 꽁35 이21 까~55 께이35 띰35 아~33

香港而家幾點呀?

▶ 오후 2시입니다.

하~22 짜우33 뢩13 띰35

下晝兩點。

출국

입국신고서는 기내에서 미리 작성하는 것이 좋다. 또한
면세점에서 상품을 구입하지 못한 경우에는 기내에서

자주 쓰이는 표현_1

- 소고기를 드시겠습니까, 돼지고기를 드시겠습니까?

  네이13 쎅22 (응)아우21 욕22 뗑22 쮜55 욕22 아~33

  你食牛肉定豬肉呀?

···▶ 소고기로 주세요.

  (응)오13 쎅22 (응)아우21 욕22

  我食牛肉。

바꿔 말하기

- 닭고기 **雞肉** 까이55 욕22
- 생선 **魚** 위35
- 스파게티 **意粉** 이33 판35

구입하면 된다.

자주 쓰이는 표현_2

- 음료는 뭘로 드시겠습니까?

  네이13 얌35 맛55 예13 아~33

  你飮乜嘢呀?

····➤ 커피로 주세요.

  얏55 뿌이55 까~33 페55, 음21 꼬이55

  一杯咖啡, 唔該。

바꿔 말하기

- **오렌지 주스 橙汁** 창~35 짭55
- **얼음물 冰水** 뼁55 쏘위35

- **콜라 可樂** 호35 록22
- **포도주 紅酒** 홍21 짜우35

유용한 표현

▼ 화장실은 어디에 있나요?

싸이35 싸우35 깐~55 하이35 삔55 또우22 아~33

洗手間喺邊度呀?

▼ 기내식은 어떤 것이 있나요?

페이55 께이55 찬~55 야우13 맛55 예13 쎅22 아~33

飛機餐有乜嘢食呀?

▼ 조금 춥습니다.

(응)오13 야우13 띠55 똥33

我有啲凍。

▼ 몸이 좀 안 좋습니다.

(응)오13 야우13 띠55 음21 쒸55 폭22

我有啲唔舒服。

▼ 담요 좀 가져다주세요.

음21 꼬이55 뻬이35 쨍55 찐55 (응)오13

唔該畀張氈毛我。

▼ 약 좀 가져다주세요.

음21 꼬이55 삐이35 띠55 엑22 (응)오13

唔該畀啲藥我。

▶ 입국 신고서를 작성해 주세요.

음21 꼬이55 틴21 쩽55 얍22 껭35 삐우35 아~33

唔該填張入境表呀。

출국

탑승

기내
서비스

활용
어휘

▼ 펜 좀 빌려주세요.

음21 꼬이55 쩨33 찌55 빳55 삐이35 (응)오13 아~33

唔該借支筆畀我呀。

▶ 커피 드시겠습니까?

네이13 이우33 음21 이우33 까~33 페55 아~33

你要唔要咖啡呀？

▼ 한국 신문 있나요?

야우13 모우13 혼21 꿕33 뽀우33 찌35 아~33

有冇韓國報紙呀?

도움이 되는 **활용어휘**

• 항공권	機票	께이⁵⁵ 피우³³
• 항공사	航空公司	홍²¹ 홍⁵⁵ 꽁⁵⁵ 씨⁵⁵
• 항공편	班機	빤~⁵⁵ 께이⁵⁵
• 좌석	座位	쯔어²² 와이³⁵
• 이코노미 석	經濟艙	껑⁵⁵ 짜이³³ 촹⁵⁵
• 비즈니스 석	商務艙	쌩⁵⁵ 모우²² 촹⁵⁵
• 일등석	頭等艙	타우²¹ 떵³⁵ 촹⁵⁵
• 탑승 게이트	閘口	짭~²² 하우³⁵
• 탑승권	登機證	떵⁵⁵ 께이⁵⁵ 쩡³³
• 탑승하다	登機	떵⁵⁵ 께이⁵⁵
• 비행기	飛機	페이⁵⁵ 께이⁵⁵
• 수하물	行李	항²¹ 레이¹³
• 수하물표	行李牌	항²¹ 레이¹³ 파~이³⁵
• 중량 초과	過重	꿔³³ 총¹³

탑승

• 스튜어디스	**空(中小)姐**	홍⁵⁵ (쫑⁵⁵ 씨우³⁵) 쩨³⁵
• 스튜어드	**空中少爺**	홍⁵⁵ 쫑⁵⁵ 씨우³³ 예²¹
• 안전벨트	**安全帶**	온⁵⁵ 췬²¹ 따~이³⁵
• 도착하다	**到達**	또우³³ 땃²²
• 금연구역	**禁煙區**	깜³³ 인⁵⁵ 코위⁵⁵
• 비상구	**太平門**	타~이³³ 펭²¹ 문²¹
• 구명조끼	**救生衣**	까우³³ 쌍~⁵⁵ 이⁵⁵

도움이 되는 **활용어휘**

• 이어폰	耳機	이¹³ 께이⁵⁵
• 헤드폰	耳筒	이¹³ 통³⁵
• 담요	氈	찐⁵⁵
• 베개	枕頭	쨤³⁵ 타우²¹
• 신문	報紙	뽀우³³ 찌³⁵
• 잡지	雜誌	짭~²² 찌³³
• 물	淸水	쳉⁵⁵ 쏘위³⁵
• 얼음물	冰水	삥⁵⁵ 쏘위³⁵
• 뜨거운 물	滾水	꾼³⁵ 쏘위³⁵
• 양주	洋酒	옝²¹ 짜우³⁵
• 포도주	紅酒	훙²¹ 짜우³⁵
• 위스키	威士忌	와이⁵⁵ 씨²² 께이³⁵
• 주스	果汁	꿔³⁵ 짭⁵⁵
• 오렌지 주스	橙汁	창~³⁵ 짭⁵⁵

기내 서비스

- 맥주 **啤酒** 뻬⁵⁵ 짜우³⁵
- 콜라 **可樂** 호³⁵ 록²²
- 멀미 **暈浪** 완²¹ 롱²²
- 멀미약 **暈浪丸** 완²¹ 롱²² 윈³⁵

입 국

홍콩은 90일간 비자 없이 체류할 수 있다. 그 이상 체류할 경우에는 마카오로 출국한 뒤 홍콩으로 재입국 하면 다시 90일 체류가 가능해진다. 또한 한국에서 홍콩까지의 비행시간은 약 4시간이며, 홍콩은 우리나라보다 1시간이 늦다. 즉 한국의 3시는 홍콩의 2시이다. 항공권에 쓰인 출발 시간과 도착 시간은 각각 현지 시간이기 때문에, 출발시간과 도착시간을 모두 홍콩 시간으로 계산하거나 한국 시간으로 계산해서 일정에 차질이 생기는 일이 없도록 주의해야 한다.

🐼 입국순서

입국 신고서

▼

기내에서 배부해주는 입국 신고서를 미리 작성해 두면 입국 심사 받을 때 편리하다.

| 입국심사 | 입국심사대에 도착해서 방문객 (訪港旅客, Visitors) 쪽에 줄을 선다. 입국 심사관에게 여권과 입국 신고서를 제출하면 별다른 질문 없이 여권에 입국 스탬프를 찍어 준다. |

▼

| 수하물 수취 | 수하물 찾는 곳에 도착한 뒤, 안내 전광판을 통해 수취대의 번호를 확인하고 짐을 찾는다. |

▼

| 세관통과 | 짐을 찾은 후에는 세관을 통과하면 된다. 여행자로 보이는 사람은 별다른 제지 없이 통과시켜 주지만, 간혹 짐을 확인하자고 하는 경우도 있다. 이럴 때는 가방을 열어 보여주면 된다. |

🐷 홍콩의 면세범위

- 담배   19개비 홍콩공항 입국 시 1갑 이상은 위법으로, 적발 시 벌금형에 처하게 됨
- 주류   1리터
- 향수   50ml(2온스)

🐼 환전

• **화폐**

홍콩의 통화 단위는 홍콩달러(HK$)이다. 지폐의 경우는
HK$10 · 20 · 50 · 100 · 500 · 1000(달러)가 있고, 동전의
경우는 HK$1 · 2 · 5 · 10(달러)와 10 · 20 · 50 ¢ · (센트)가
있다. HK$500이나1000의 고액권은 소규모 상점이나
식당에서는 받지 않는 경우가 있으니 소액권을 준비해
다닐 필요가 있다.

또한 홍콩은 우리와는 달리
홍콩상하이은행 HSBC,
스탠다드차타드은행 Standard
Chartered Bank, 중국은행 Bank of
China, 즉 3개의 은행에서 서로
다른 도안의 화폐를 발행한다.
각기 다른 은행에서 발행한 각각
다른 도안의 화폐이지만 사용에는 아무런 문제가 없다.

• 환전

원화를 홍콩달러로 환전할 때는, 한국에서 미리 환전하는
것이 홍콩에서 환전하는 것보다 훨씬 유리하다. 홍콩에서
환전하면 환율이 한국보다 많이 높을 뿐 아니라 비싼 환전
수수료까지 내야하기 때문이다.

만약 피치 못할 사정으로 홍콩에서
환전해야 한다면, 시내에서 흔히
볼 수 있는 환전소에서 하면 된다.
단, 환전소마다 환율이 각각 다르니
여러 군데를 비교해 본 후 환전을 해야
조금이라도 손해를 줄일 수 있다.

입국

입국 심사관에게 여권과 입국 신고서를 제출하면 된다.

자주 쓰이는 표현_1

- 며칠 머무르실 겁니까?

  네이13 우이13 라우21 하이35 또우22 께이35 얏22 아~33

  你會留喺度幾日呀?

···▶ 사흘입니다.

  쌈~55 얏22

바꿔 말하기

- 이틀   **兩日**   랭13 얏22
- 나흘   **四日**   쎄이33 얏22
- 일주일   **一個禮拜**   얏55 꼬33 라이13 빠~이33

자주 쓰이는 표현_2

• 어디서 머무실 겁니까?

네이13 우이13 쮜22 하이35 삔55 또우22 아~33

你會住喺邊度呀?

···▸ 만다린 오리엔탈 호텔에서요.

하이35 만21 와~21 똥55 퐁55 짜우35 띰33

喺文華東方酒店。

바꿔 말하기

• 호텔	酒店	짜우35 띰33
• 유스호스텔	青年旅舍	쳉55 닌21 로위13 쎄33
• 친구 집	朋友屋企	팡21 야우13 옥55 케이35

59
왕초짜 여행 광동어

유용한 표현

▶ 여권 좀 보여주세요.

음21 꼬이55 삐에이35 우22 찌우33 (응)오13 타이35 하~13

唔該畀護照我睇吓。

▶ 홍콩은 처음 오시는 겁니까?

니55 치33 하이22 음21 하이22 네이13 따이22 얏55 치33
레이21 헹55 꽁35 아~33

呢次係唔係你第一次嚟香港呀?

- -

▼ 네, 그렇습니다.

하이22 아~33

係呀。

▶ 어디(어느 나라)에서 오셨어요?

네이13 하이35 삔55 또우22 라이21 까~33

你喺邊度嚟㗎?

- -

▼ 한국에서 왔어요.

(응)오13 하이35 혼21 꿕33 라이21 께33

我喺韓國嚟嘅。

60
초보여행자도 한번에 찾는다

▶ 홍콩에는 여행 오신 겁니까?

네이13 하이22 음21 하이22 레이21 행55 꽁35 로위13 항21 아~33

你係唔係嚟香港旅行呀?

▼ 홍콩에 여행 왔습니다.

(응)오13 레이21 행55 꽁35 로위13 항21 께33

我嚟香港旅行嘅。

▼ 홍콩에 출장 왔습니다.

(응)오13 레이21 행55 꽁35 촛55 트립55 께33

我嚟香港出trip嘅。

▶ 돌아갈 비행기표는 있습니까?

네이13 야우13 모우13 우이21 쳉21 께이55 피우33 아~33

你有冇回程機票呀?

▼ 네, 있습니다./ 아니요, 없습니다.

야우13 아~33 / 모우13 아~33

有呀。 / 冇呀。

입국

입국심사를 마치고 수하물 찾는 곳에 도착한 뒤, 자신이
타고 온 비행기 편명이 적혀 있는 수취대로 가서 수하물을

자주 쓰이는 표현_1

* 저기요, 짐은 어디에서 찾나요?

음21 꼬이55, 하이35 삔55 또우22 로35 항21 레이13 아~33

唔該，喺邊度攞行李呀?

····▶ 저쪽에서요.

하이35 꼬35 삔22

喺 嗰便.

바꿔 말하기

* 이쪽　　呢便　　니55 삔22
* 앞쪽　　前面　　친21 민22

찾는다. 수하물이 보이지 않으면 공항 직원에게 수하물표를
보이고 도움을 청한다.

자주 쓰이는 표현_2

입국

입국
심사
수하물
세관
환전
활용
어휘

> • 공항 카트는 어디에 있나요?
>
> 께이55 쳉21 싸우35 토위55 체55 하이35 삔55 또우22 아~33
>
> # 機場手推車喺邊度呀?
>
> ···· 왼쪽에 있어요.
>
> 하이35 쪼35 민22
>
> # 喺左面。

바꿔 말하기

- 오른쪽   右面   야우22 민22

- 뒤쪽   後面   하우22 민22

유용한 표현

▼ 제 짐이 없어졌어요.

(응)오13 낀22 항21 레이13 음21 낀33 쪼35

我件行李唔見咗。

▼ 대신 좀 찾아주세요.

음21 꼬이55 뽕55 (응)오13 완35 하~13

唔該幫我搵吓。

▶ 연락 전화번호를 알려 주세요.

음21 꼬이55 네이13 라우21 꼬33 띤22 와~35 뻬이35 (응)오13 아~33

唔該你留個電話畀我呀。

▶ 짐이 어떻게 생겼어요?

네이13 낀22 항21 레이13 하이22 띰35 옝35 까~33

你件行李係點樣㗎?

▶ 짐이 무슨 색인가요?

네이13 낀22 항21 레이13 하이22 맛55 예13 쎅55 까~33

你件行李係乜嘢色㗎?

▶ 검은 색이에요.

하이22 학55 쎅55 께33

係黑色嘅。

▶ 어느 항공편을 타고 오셨나요?

네이13 땁~33 쪼35 삔55 빤55 께이55 아~33

你搭咗邊班機呀?

▼ CX439입니다.

씨55 엑쓰55 쎄이33 쌈~55 까우35

CX439。

▼ 제 짐이 아직 안 나왔어요.

(응)오13 낀22 항21 레이13 쫑22 메이22 레이21

我件行李仲未嚟。

▼ 이건 제 수하물표입니다.

니55 꼬33 하이22 (응)오13 께33 항21 레이13 파~이35

呢個係我嘅行李牌。

입국

세관 검사는 그다지 까다롭지 않아서, 여행자로 보이는
사람은 별 제지 없이 통과시켜 준다.

자주 쓰이는 표현_1

• 신고할 물건이 있습니까?

네이13 야우13 모우13 이우33 싼55 뽀우33 께33 예13 아~33

你有冇要申報嘅嘢呀?

⋯▶ 없습니다.

모우13 아~33

冇呀。

바꿔 말하기

• 있습니다   有   야우13

66
초보여행자도 한번에 찾는다

하지만 간혹 짐을 확인하자고 하는 경우가 있는데, 이때는 그냥 가방을 열어서 보여주면 된다.

자주 쓰이는 표현_2

- 이게 뭔가요?
  니55 띠55 하이22 맛55 예13 라이21 까~33

  呢啲係乜嘢嚟㗎？

···▶ 제 위장약입니다.
  (응)오13 띠55 와이22 옉22 라이21 께33

  我啲胃藥嚟嘅。

바꿔 말하기

- **감기약** **感冒藥** 깜35 모우22 옉22

- **화장품** **化妝品** 파~33 쫑55 빤35

- **옷** **衫** 쌈~55

유용한 표현

▶ 다른 짐이 더 있습니까?

쫑22 야우13 모우13 케이21 타~55 항21 레이13 아~33

仲有冇其他行李呀？

▶ 가방을 열어 보여주세요.

따~35 호이55 띠55 항21 레이13 뻬이35 (응)오13 타이35 하~13

打開啲行李畀我睇吓。

▶ 반입금지품을 가지고 계십니까?

네이13 야우13 모우13 따~이33 깜33 빤35 아~33

你有冇帶禁品呀？

▼ 천천히 말씀해 주세요.

음21 꼬이55 꽁35 만~22 띠55

唔該講慢啲。

▼ 다시 한 번 더 말씀해 주세요.

음21 꼬이55 쪼이33 꽁35 또55 얏55 치33

唔該再講多一次。

▼ 무슨 말인지 못 알아듣겠습니다.

(응)오13 텡55 음21 멩21

我聽唔明。

▶ 이 물건들은 가지고 입국하실 수 없습니다.

니55 띠55 예13 음21 따~이33 딱55 압22 껭35

呢啲嘢唔帶得入境。

▼ 술을 한 병 가지고 있습니다.

(응)오13 따~이33 쪼35 얏55 찌55 짜우35

我帶咗一支酒。

▼ 담배 두 보루를 가지고 있습니다.

(응)오13 따~이33 쪼35 랭13 티우21 인55 짜이35

我帶咗兩條煙仔。

▶ (돈을) 얼마를 가지고 계십니까?

네이13 따~이33 쪼35 께이35 또55 친35 아~33

你帶咗幾多錢呀?

입국

홍콩의 통화 단위는 홍콩달러(HK$)이다. 홍콩에 갈 때에는 한국에서 원화를 홍콩달러로 미리 환전해가는

자주 쓰이는 표현_1

• 얼마나 바꾸실 건가요?

네이13 쌩35 운22 께35 또55 친35 아~33

你想換幾多錢呀?

···▶ 미화 100달러(US$100)입니다.

얏55 빡~33 만55 메이13 깜55

一百蚊美金。

바꿔 말하기

• 300달러	三百蚊	쌈~55 빡~33 만55
• 500달러	五百蚊	응13 빡~33 만55
• 700달러	七百蚊	찻55 빡~33 만55

것이 좋다.

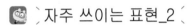자주 쓰이는 표현_2

> • 환율이 어떻게 되나요?
> 우이22 롯35 하이22 께이35 또55 아~33
>
> # 匯率係幾多呀？

> …▸ 미화 1달러는 홍콩 7달러 80센트(US$1= HK$7.8)입니다.
> 메이13 깜55 또위33 꽁35 빠이22, 얏55 또위33 찻55 꼬33 빳~33
>
> # 美金兌港幣，一兌七個八。

유용한 표현

▼ 어디에서 환전할 수 있나요?

하이35 삔55 또우22 호35 이13 운22 친35 아~33

喺邊度可以換錢呀?

▼ 환전을 하고 싶은데요.

(응)오13 쎙35 운22 친35

我想換錢。

▼ 은행은 어디 있나요?

(응)안21 홍21 하이35 삔55 또우22 아~33

銀行喺邊度呀?

▼ 근처에 은행이 있나요?

푸22 깐22 야우13 모우13 (응)안21 홍21 아~33

附近有冇銀行呀?

▼ 수수료는 얼마인가요?

싸우35 쪽22 파이33 이우33 께이35 또55 친35 아~33

手續費要幾多錢呀?

▼ 여기 홍콩 780달러(HK$780)입니다.

니55 또우22 찻55 빡~33 빳~33 쌉22 만55 꽁35 빠이22

呢度七百八十蚊港幣。

▶ (액수가 맞는지) 세어보세요.

네이13 띰35 하~13 라~55

你點吓啦。

▼ 네, 맞아요.

암~55 쏘우33 라~33

啱數喇。

▼ 미국달러를 홍콩달러로 바꾸면 얼마인가요?

메이13 깜22 또위33 꽁35 빠이22 하이22 께이35 또55 아~33

美金兌港幣係幾多呀?

▼ 한국원화를 홍콩달러로 바꾸면 얼마인가요?

혼21 윈21 또위33 꽁35 빠이22 하이22 께이35 또55 아~33

韓元兌港幣係幾多呀?

도움이 되는 **활용어휘**

• 입국	**入境**	압²² 껑³⁵
• 입국 신고서	**入境表**	압²² 껑³⁵ 삐우³⁵
• 출입국사무소	**入境處**	압²² 껑³⁵ 취³³
• 여권	**護照**	우²² 찌우³³
• 여권번호	**護照號碼**	우²² 찌우³³ 호우²² 마~¹³
• 비자	**簽證**	침⁵⁵ 쩽³³
• 검역	**檢疫**	낌³⁵ 역²²
• 여행객	**旅客**	로위¹³ 학~³³
• 외국인	**外國人**	(응)오이²² 꿕³³ 안²¹
• 이름	**姓名**	씽³³ 멩²¹
• 성별	**性別**	씽³³ 삣²²
• 국적	**國籍**	꿕³³ 쩩²²
• 생년월일	**出生日期**	춫⁵⁵ 쌍~⁵⁵ 얏²² 케이²¹
• 주소	**地址**	떼이²² 찌³⁵

입국심사

• 홍콩주소	**香港地址**	행⁵⁵ 꽁³⁵ 떼이²² 찌³⁵
• 출생지	**出生地點**	촛⁵⁵ 쌍~⁵⁵ 떼이²² 띰³⁵
• 항공편 번호	**班機編號**	빤~⁵⁵ 께이⁵⁵ 핀⁵⁵ 호우²²
• 출발지점	**出發地點**	촛⁵⁵ 팟~³³ 떼이²² 띰³⁵
• 목적지	**目的地**	목²² 떡⁵⁵ 떼이²²
• 여행	**旅行**	로위¹³ 항²¹
• 출장	**出trip**	촛⁵⁵ 트립⁵⁵

- 세관 　　　　**海關** 　　호이[35] 꽌~[55]
- 세관 검사 　　**海關檢查** 　호이[35] 꽌~[55] 낌[35] 차~[21]
- 세관원 　　　**海關人員** 　호이[35] 꽌~[55] 안[21] 윈[21]
- 관세 　　　　**關稅** 　　꽌~[55] 쏘위[33]
- 면세품 　　　**免稅品** 　　민[13] 쏘위[33] 빤[35]
- 반입금지품 　**禁品** 　　　깜[33] 빤[35]
- 동물 　　　　**動物** 　　　똥[22] 맛[22]
- 식물 　　　　**植物** 　　　쩩[22] 맛[22]
- 현금 　　　　**現金** 　　　인[22] 깜[55]
- 술 　　　　　**酒** 　　　　짜우[35]
- 담배 　　　　**煙仔** 　　　인[55] 짜이[35]
- 향수 　　　　**香水** 　　　횅[55] 쏘위[35]
- 화장품 　　　**化妝品** 　　파~[33] 쫑[55] 빤[35]
- 사진기 　　　**相機** 　　　쌩[35] 께이[55]

• 은행	**銀行**	(응)안²¹ 홍²¹
• 환율	**匯率**	우이²² 롯³⁵
• 환전	**換錢**	운²² 친³⁵
• 외화	**外幣**	(응)오이²² 빠이²²
• 수표	**支票**	찌⁵⁵ 피우³³
• 한화	**韓元**	혼²¹ 윈²¹
• 미국 달러	**美金**	메이¹³ 깜⁵⁵
• 홍콩 달러	**港幣**	꽁³⁵ 빠이²²
• 엔화	**日元**	얏²² 윈²¹
• 인민폐	**人民幣**	얀²¹ 만²¹ 빠이²²
• 파운드	**英鎊**	영⁵⁵ 뽕³⁵
• 유로	**歐元**	아우⁵⁵ 윈²¹
• 동전	**散銀**	싼~³⁵ (응)안³⁵
• 지폐	**紙幣**	찌³⁵ 빠이²²
• 잔돈	**散紙**	싼~³⁵ 찌³⁵

교통

홍콩의 교통수단은 여러 가지가 있는데, 이용하기도 편리하며 교통비도 저렴하다. 공항고속열차와 공항버스, 지하철, 시내버스, 페리, 트램과 같은 대중교통은 옥토퍼스 카드를 이용하여 편리하고 자유롭게 이용할 수 있다. 옥토퍼스 카드의 처음 구입 가격은 HK$150이며 HK$50은 보증금, HK$100은 실제 사용할 수 있는 금액, 충전한 금액 HK$100을 다 사용하고 나면 다시 충전할 수 있다. 지하철역과 공항고속열차역, 세븐일레븐 같은 편의점이나 왓슨스 같은 드러그 스토어에서 충전이 가능하다.

🚄 AEL(공항고속열차)

AEL은 Airport Express Line의 약자로 공항고속열차를 가리킨다. 공항버스나 지하철(MTR)에 비해 많이 비싸긴 하지만, 홍콩 시내로 들어가는 가장 빠른 교통수단이기 때문에 시간이 촉박한 경우에는 AEL을 이용하는 것이 좋다. 국제공항에서 종점인 홍콩역까지 24분이면 도착한다.

🙂 공항버스

일반 공항버스와 심야 공항버스가 24시간 운행하고 있어서, 새벽에 홍콩에 도착하더라도 별 불편 없이 공항버스를 이용할 수 있다. 하지만 시내로 들어갈 때에는 1시간 이상 걸리므로, 급히 시내로 이동해야 할 사람들에게는 적합하지 않을 수 있다.

🙂 MTR(지하철)

MTR은 홍콩의 지하철을 가리키는 것으로 Mass Transit Railway의 약자이다. MTR은 홍콩에서 가장 빠르고 정확하고 편리한 교통수단이지만, 러시아워 아침 8시~10시, 저녁5시반~7시에는 수없이 쏟아져 들어오는 사람들 때문에 발 디딜 틈이 없다. 또한 한국과는 달리 화장실이 없는 지하철역이 많으니, 되도록 화장실을 찾으러 지하철역에 들어가는 일이 없도록 하자.

📱 택시

택시를 광동어로 **的士** 떽 씨라고
하는데 이는 영어의 taxi를
음역한 것이다. 택시를 탈 때에는
택시정류장에서 타거나 한국처럼
손을 흔들어서 잡으면 된다. 하지만 노란색으로 두 줄이
그어져 있는 도로에서는 택시를 탈 수 없다. 홍콩에서는
택시의 트렁크에 짐을 실을 경우, 짐 한 개당 HK$5의 요금이
추가된다. 또한 구룡반도와 홍콩섬을 오갈 때에는 해저터널
통행료를 지불해야 하는데, 편도요금이 아닌 왕복요금으로
지불해야 한다. 이밖에도 택시의 앞좌석과 뒷좌석은 모두
안전벨트를 착용해야 하니 이점도 꼭 기억하도록 하자.

📱 시내버스

홍콩의 시내버스는 대부분이 이층
버스인데다 운전석도 오른쪽에
있다. 위층으로 올라가는 계단은
상당히 비좁은데다가 버스가
이동 중일 때는 더욱 중심잡기가 힘들다. 그러므로
계단을 오르내릴 때는 손잡이를 꼭 잡고 천천히 이동해야
한다. 참고로 광동어의 **巴士** 빠~ 씨는 영어의 bus를 음역한
것이다.

🚋 트램

트램은 이국적인 정취를 물씬 풍기는
홍콩의 대표적인 교통 수단으로,
홍콩섬에서만 운행되고 있다.
이층버스와 마찬가지로 위층으로
올라가 주변 경치를 감상할 수 있으며, 탈 때는
뒷문으로 타고 내릴 때는 앞문으로 내린다. 트램에서는
안내 방송을 하지 않으니 내릴 곳을 지나치지 않도록
주의해야 한다.

🚢 페리

페리는 구룡반도와 홍콩섬을
오가는 사람들을 태워 나르는
교통수단이다. MTR에 비해 이동
시간이 오래 걸리기는 하지만,
요금이 저렴한데다 바다 위에서 홍콩섬과 주위 경관을
감상할 수 있기 때문에 많은 사람들이 애용하고 있다. 특히
홍콩 사람들은 페리를 이용해 등하교를 하거나 출퇴근을
하고 있다.

교통

홍콩 사람들은 대부분 친절하기 때문에, 외국 사람이 길을
물어보면 친절하게 대답해 준다. 하지만 중국과의 관계가

＞자주 쓰이는 표현_1 ＜

- 실례합니다, 센트럴은 어떻게 가나요?

  쳉35 만22, 쫑55 완~21 띰35 호위33 아~33

  # 請問 , 中環點去呀?

····▸ 앞쪽으로 가세요.

  횅33 친21 항~21 라~55

  # 向前行啦!

바꿔 말하기

- 침사추이 　　**尖沙咀**　　찜55 싸~55 쪼위35

- 코즈웨이베이 　**銅鑼灣**　　통21 로21 완~55

- 몽콕 　　　　**旺角**　　윙22 꼭33

좋지 않으므로 표준중국어 사용은 자제하고, 대신 광동어로
물어보도록 하자.

🐸 자주 쓰이는 표현_2

• 지하철역은 어디에 있나요?

떼이22 팃33 짬~22 하이35 삔55 또우22 아~33

地鐵站喺邊度呀?

···▶ 맞은편에 있어요.

하이35 또위33 민22

喺 對面 。

바꿔 말하기

• **왼쪽** 左面 쪼35 민22　　• **저쪽** 嗰便 꼬35 삔22

• **오른쪽** 右面 야우22 민22　　• **이쪽** 呢便 니55 삔22

▶ 쭉 가서 우회전 하세요.

얏55 쩩22 항~21, 쬔33 야우22 싸우35 뻰22 라~55

一直行，轉右手便啦!

▼ 근처에 슈퍼마켓이 있습니까?

푸22 깐22 야우13 모우13 치우55 캅55 씨13 쵕21 아~33

附近有冇超級市場呀?

▼ 여기서 먼가요?

레이21 니55 또우22 윈13 음21 윈13 아~33

離呢度遠唔遠呀?

▶ 그렇게 멀지 않아요.

음21 하이22 께이35 윈13

唔係幾遠。

▼ 얼마나 먼가요?

야우13 께이35 윈13 아~33

有幾遠呀?

▼ 길을 잃어버렸어요.

(응)오13 똥22 쌋55 쪼35 로우22

我蕩失咗路。

▼ 여기가 어디인가요?

니55 또우22 하이22 삔55 또우22 아~33

呢度係邊度呀?

▼ 길을 잘 몰라요.

(응)오13 음21 쎅55 로우22

我唔識路。

▼ 걸어가면 얼마나 걸리나요?

항~21 꿔33 호위33 이우33 께이35 노이22 아~33

行過去要幾耐呀?

▶ 5분이면 됩니다.

응13 판55 쫑55 짜우22 또우33 라~33

五分鐘就到喇。

교통

홍콩의 지하철은 MTR이라고 부르는데, 홍콩에서 가장 빠르고 정확한 교통수단이다. 현재 모두 9개의 노선이

자주 쓰이는 표현_1

▪ <u>한국총영사관</u>에 가려면 어느 역에서 내려야 하나요?

호위33 혼21 꿕33 쫑35 렝13 씨22 꾼35, 하이35 삔55 꼬33 짬~22 록22 체55 아~33

去 韓國總領事館, 喺邊個站落車呀?

···▶ 애드미럴티 역에서 내리세요.

하이35 깜55 쫑55 짬~22 록22 체55 라~55

喺金鐘站落車啦!

바꿔 말하기

• **템플 스트리트**　　廟街　　미우22 까~이55

• **레이디스 마켓**　　女人街　　노위13 안35 까~이55

• **하버 시티**　　　　海港城　　호이35 꽁35 쎙21

운행 중에 있다. 고속공항열차, 경전철 제외

`자주 쓰이는 표현_2`

교통

길 묻기
지하철
택시
버스
트램
페리
활용
어휘

• 어느 역에서 갈아타야 하나요?

하이35 삔55 꼬33 짬~22 쮠33 체55 아~33

喺邊個站轉車呀?

···▶ 몽콕 역에서 갈아타세요.

하이35 웡22 꼭33 짬~22 쮠33 체55 라~55

喺旺角站轉車啦!

바꿔 말하기

• 센트럴	中環	쫑55 완~21
• 프린스 에드워드	太子	타~이33 찌35
• 서니 베이	欣澳	얀55 오우33

유용한 표현

▼ 어디 가서 표를 사나요?

호위33 쁜55 또우22 마~이13 페이55 아~33

去邊度買飛呀?

▶ 옥토퍼스 카드를 쓰시면 돼요.

네이13 호35 이13 용22 빳~33 땃~22 통55

你可以用八達通。

▼ 갈아타야 하나요?

싸이35 음21 싸이35 쮠33 체55 아~33

使唔使轉車呀?

▶ 갈아타실 필요 없습니다.

음21 싸이35 쮠33 체55

唔使轉車。

▼ 지하철역 안에는 화장실이 있나요?

떼이22 틧33 짬~22 얍22 민22 야우13 모우13 싸이35 싸우35 깐~55 아~33

地鐵站入面有冇洗手間呀?

▶ 지하철역 안에는 화장실이 없어요.

떼이22 팃33 짬~22 얍22 민22 모우13 싸이35 싸우35 깐~55

地鐵站入面冇洗手間。

▼ 어느 출구로 나가야 하나요?

하이35 삔55 꼬33 촛55 하우35 촛55 아~33

喺邊個出口出呀?

▶ A 출구로 나가세요.

하이35 에이55 촛55 하우35 촛55 라~55

喺A出口出啦!

▼ 어디 가서 엘리베이터를 타나요?

호위33 삔55 또우22 땁~33 립55 아~33

去邊度搭軨呀?

▼ 어디에 에스컬레이터가 있나요?

삔55 또우22 야우13 푸21 싸우35 띤22 타이55 아~33

邊度有扶手電梯呀?

교통

택시에서는 앞좌석과 뒷좌석 모두 안전벨트를 매야
한다. 트렁크에 짐을 실을 경우 한 개당 HK$ 5의 요금을

자주 쓰이는 표현_1

> • 어디로 가시나요?
> 호위33 뻰55 또우22 아~33
>
> # 去邊度呀?

> ⋯▶ 성완으로 가 주세요.
> 음21 꼬이55, 호위33 쎙22 완~21
>
> # 唔該，去上環。

바꿔 말하기

• **완차이**　　**灣仔**　　완~55 짜이35

• **야마테이**　**油麻地**　야우21 마~21 떼이35

• **조단**　　　**佐敦**　　쪼35 뜬55

지불해야 하며, 구룡반도와 홍콩섬을 오갈 때는 왕복 통행료를
지불해야 한다.

🐸 〉자주 쓰이는 표현_2〈

- 침사추이 어디에서 내리시나요?

  하이35 찜55 싸~55쪼위35 께33 삔55 또우22 록22 체55 아~33

  # 喺尖沙咀嘅邊度落車呀?

···▶ 스타의 거리에서 내려요.

  하이35 쎙55 꿩55 따~이22 또우22 록22 체55, 음21 꼬이55

  # 喺星光大道落車, 唔該。

바꿔 말하기

- **구룡 공원**　　九龍公園　　까우35 롱21 꽁55 윈35

- **캔톤로드**　　　廣東道　　　꿩35 똥55 또우22

- **침사추이 시계탑** 尖沙咀鐘樓 찜55 싸~55 쪼위35 쫑55 라우21

유용한 표현

▼ 택시 정류장은 어디에 있나요?

떽55 씨35 짬~22 하이35 삔55 또우22 아~33

的士站喺邊度呀?

▼ 이 주소로 가 주세요.

음21 꼬이55 호위33 니55 꼬33 떼이22 찌35

唔該去呢個地址。

▶ 안으로 들어가실 필요 없어요.

음21 싸이35 얍22 호위33

唔使入去。

▼ 앞에서 세워 주세요.

음21 꼬이55 친21 민22 텡21 체55

唔該前面停車。

▼ 시간이 촉박합니다.

(응)오13 꼰35 씨21 깐~33

我趕時間。

▼ 서둘러 주세요.

음21 꼬이55 파~이33 띠55

唔該快啲。

▼ 여기에서 내려도 되나요?

니55 또우22 록22 음21 록22 딱55 체55 아~33

呢度落唔落得車呀?

▼ 여기에서 기다려 주세요.

음21 꼬이55 하이35 또우22 땅35 (응)오13 얏55 짠22

唔該喺度等我一陣。

▼ 에어컨을 틀어주세요.

음21 꼬이55 호이55 랑~13 헤이33

唔該開冷氣。

▼ 에어컨 바람이 너무 세요.

랑~13 헤이33 타~이33 똥33

冷氣太凍。

교통

길 묻기
지하철
택시
버스
트램
페리
활용
어휘

교통

홍콩의 버스는 대부분이 이층버스인데, 위층으로
올라가는 계단이 상당히 비좁다. 버스 운행 중에는 중심

자주 쓰이는 표현_1

▪ 꽃시장에 가려면 몇 번을 타야 하나요?

호위33 파~55 호위55 이우33 땁~33 께이35 또55 호우22 아~33

去花墟要搭幾多號呀？

···▶ 27번을 타세요.

땁~33 이22 쌉22 찻55 호우22 라~55

搭 27號 啦!

바꿔 말하기

• 11번	11號	쌉22 얏55 호우22
• 6A번	6A號	록22 에이55 호우22
• 13X번	13X號	쌉22 쌈~55 엑스55 호우22

잡기가 매우 힘드니 계단을 오르내릴 때는 손잡이를 꼭 잡고
이동해야 한다.

자주 쓰이는 표현_2

> * 여기에 옥 시장 가는 버스가 있나요?
>
> 니55 또우22 야우13 모우13 호위33 옥22 헤이33 씨13 쳉21
> 께33 빠~55 씨35 아~33
>
> # 呢度有冇去玉器市場嘅巴士呀?
>
> ---
>
> ⋯▶ 있어요. / 없어요.
>
> 야우13 아~33/ 모우13 아~33
>
> # 有呀。 / 冇呀。

바꿔 말하기

* **디즈니랜드**　　**迪士尼**　　떽22 씨22 네이21

* **할리우드 로드**　**荷李活道**　호21 레이13 웃22 또우22

* **틴하우 사원**　　**天后廟**　　틴55 하우22 미우35

유용한 표현

▼ 버스 정류장은 어디에 있나요?

빠~55 씨35 짬~22 하이35 삔55 또우22 아~33

巴士站喺邊度呀?

▼ 리펄스베이에 가려면 이 버스 타면 되나요?

호위33 친35 쏘위35 완~55, 딱~33 니55 까~33 체55 암~55
음21 암~55 아~33

去淺水灣, 搭呢架車啱唔啱呀?

▼ 몇 정류장을 가야 하나요?

이우33 딱~33 께이35 또55 꼬33 짬~22 아~33

要搭幾多個站呀?

▼ 아직 몇 정류장 남았나요?

쫑22 야우13 께이35 또55 꼬33 짬~22 네55

仲有幾多個站呢?

▼ 한 정류장 먼저 내렸어요.

록22 쪼우35 쪼35 얏55 꼬33 짬~22

落早咗一個站。

▼ 큰일 났다, 차를 잘못 탔네.

빠이22 라~33, 땁~33 초33 체55

弊喇, 搭錯車。

▼ 방금 버스가 지나갔어요.

암~55 암~55 짜우35 쪼35 까~33 빠~55 씨35

啱啱走咗架巴士。

▼ 몇 분에 한 대씩 있나요?

깍~33 께이35 노이22 얏55 빤~55 체55 아~33

隔幾耐一班車呀？

▶ 10분에 한 대씩 있어요.

쌉22 판55 쯍55 얏55 빤~55

十分鐘一班。

▶ 버스도 옥토퍼스 카드를 사용하실 수 있어요.

땁~33 빠~55 씨35 또우55 호35 이13 용22 빳~33 땃~22 통55

搭巴士都可以用八達通。

교통

길 묻기
지하철
택시
버스
트램
페리
활용
어휘

교통

트램은 홍콩섬에서만 운행되는 이국적인 교통수단이다.
탈 때는 뒷문으로 타고 내릴 때는 앞문으로 내린다. 안내

자주 쓰이는 표현_1

- 요금이 얼마인가요?

  체55 파이33 께이35 또55 친35 아~33

  # 車費幾多錢呀?

···▶ 2달러 30센트입니다.

  랭13 꼬33 쌈~55

  ## 兩個三。

바꿔 말하기

- **1달러 20센트**(3세~12세)　　**個二**　　꼬33 이22

- **1달러 10센트**(65세 이상)　　**個一**　　꼬33 얏55

방송을 따로 하지 않기 때문에 내릴 정류장을 지나치지 않도록
주의해야 한다.

`자주 쓰이는 표현_2`

> • 지하철역에 도착하면 (내릴 수 있도록) 알려주세요.
> 음21 꼬이55 또우33 떼이22 팃33 짬~22 짜우22 끼우33
> (응)오13 록22 체55
>
> # 唔該到 地鐵站 就叫我落車。
>
> ⋯▶ 알겠습니다.
> 호우35 아~33
>
> # 好呀。

바꿔 말하기

- **웨스턴 마켓** **西港城**　　　싸이55 꽁35 쎙21

- **중앙도서관** **中央圖書館**　　쯍55 옝55 토우21 쒸55 꾼35

- **빅토리아 공원** **維多利亞公園**　와이21 또55 레이22 아~33 꽁55 윈35

유용한 표현

▼ 이 트램은 노스포인트 재래시장에 가나요?

니55 까~33 체55 호위33 음21 호위33 빡55 꼭33 까~이55 씨13 까~33

呢架車去唔去北角街市喋？

▼ 이 트램은 완차이를 지나가나요?

니55 까~33 체55 껭55 음21 껭55 완~55 짜이35 까~33

呢架車經唔經灣仔喋？

▶ 트램은 뒷문으로 탑니다.

띤22 체55 하이22 하이35 하우22 문35 쌩13 체55

電車係喺後門上車。

▶ 트램은 앞문으로 내립니다.

띤22 체55 하이22 하이35 친21 문35 록22 체55

電車係喺前門落車。

▼ 우리 위층으로 올라가요.

(응)오13 떼이22 쌩13 라우21 쌩22 라~55

我哋上樓上啦!

▶ 트램에는 에어컨이 안 나와요.

띤22 체55 모우13 랑~13 헤이33

電車冇冷氣。

▼ 창문을 열어도 되나요?

호35 음21 호35 이13 호이55 쳉55 아~33

可唔可以開窗呀？

▼ 어디에서 내리는지 모르겠어요.

(응)오13 음21 찌55 하이35 삔55 또우22 록22 체55

我唔知喺邊度落車。

▼ 정류장을 지난 다음에야 알았어요.

꿔33 쪼35 짬~22 찌33 찌55

過咗站至知。

▶ 내릴 때 옥토퍼스 카드를 찍으면 됩니다.

록22 체55 친21 팍~33 빳~33 땃~22 통55 짜우22 딱55 라~33

落車前拍八達通就得喇。

교통

길 묻기
지하철
택시
버스
트램
페리
활용
어휘

교통

구룡반도와 홍콩섬을 오가는 사람들이 자주 이용하는
교통수단이다. 요금이 저렴한데다 바다 위에서 주위

자주 쓰이는 표현_1

• 센트럴에 가려면 어디에서 배를 타나요?

호위33 쭝55 완~21 하이35 삔55 또우22 땁~33 쒼21 아~33

去 中環 喺邊度搭船呀?

⋯▸ 스타페리 선착장에서 타세요.

하이35 틴55 쎙55 마~13 타우21 땁~33 라~55

喺天星碼頭搭啦!

바꿔 말하기

• 완차이　灣仔　완~55 짜이35

경관을 감상할 수 있다는 점이 상당히 매력적이다.

🐸 `자주 쓰이는 표현_2`

- 배가 얼마나 자주 있나요?

  깍~33 께이35 노이22 얏55 빤~55 쉰21 아~33

  # 隔幾耐一班船呀?

···▶ 약 10분에 한 척씩 있습니다.

  따~이22 엑33 쌉22 판55 쫑55 얏55 빤~55

  # 大約十分鐘一班。

바꿔 말하기

- 5분 　　　五分鐘 　　　응13 판55 쫑55

- 15분 　　　十五分鐘 　　　쌉22 응13 판55 쫑55

- 20분 　　　二十分鐘 　　　이22 쌉22 판55 쫑55

유용한 표현

▼ 스타페리 선착장은 어디에 있나요?

틴55 쎙55 마~13 타우21 하이35 삔55 또우22 아~33

天星碼頭喺邊度呀?

▼ 몇 시에 배가 있나요?

께이35 띰35 야우13 쒼21 아~33

幾點有船呀?

▼ 요금표가 있나요?

야우13 모우13 싸우55 파이33 삐우35 아~33

有冇收費表呀?

▼ 어느 배를 타야 하나요?

이우33 땁~33 삔55 빤~55 쒼21 아~33

要搭邊班船呀?

▶ 아무거나 타도 됩니다.

땁~33 삔55 빤~55 또우55 딱55

搭邊班都得。

▼ 배표는 어디에서 파나요?

음21 꼬이55, 쒼21 페이55 하이35 삔55 또우22 야우13 딱55 마~이13 아~33

唔該, 船飛喺邊度有得買呀?

▼ 첫 배는 몇 시에 있나요?

타우21 빤~55 쒼21 께이35 띰35 아~33

頭班船幾點呀?

교통

길 묻기
지하철
택시
버스
트램
페리
활용
어휘

▼ 마지막배는 몇 시에 있나요?

메이13 빤~55 쒼21 께이35 띰35 아~33

尾班船幾點呀?

▶ 첫 배를 타고 갑시다.

땁~33 타우21 빤~55 쒼21 호위33 라~55

搭頭班船去啦!

▼ 배 멀미를 할까봐 겁나요.

(응)오13 파~33 완21 쒼21 롱22

我怕暈船浪。

도움이 되는 **활용어휘**

- 길을 묻다 　　**問路**　　만²² 로우²²
- 걷다 　　　　**行路**　　항~²¹ 로우²²
- 인도 　　　　**行人路**　　항²¹ 안²¹ 로우²²
- 길(거리) 　　**馬路**　　마~¹³ 로우²²
- 길을 건너다 　**過馬路**　　꿔³³ 마~¹³ 로우²²
- 길을 잃다 　　**蕩失路**　　똥²² 씻⁵⁵ 로우²²
- 사거리 　　　**十字路口**　　쌉²² 찌²² 로우²² 하우³⁵
- 입구 　　　　**入口**　　압²² 하우³⁵
- 출구 　　　　**出口**　　춧⁵⁵ 하우³⁵
- 육교 　　　　**天橋**　　틴⁵⁵ 키우²¹
- 신호등 　　　**紅綠燈**　　훙²¹ 록²² 땅⁵⁵
- 차를 타다 　　**搭車**　　땁~³³ 체⁵⁵
- 지도 　　　　**地圖**　　떼이²² 토우²¹
- 왼쪽 　　　　**左面**　　쪼³⁵ 민²²

길 묻기

• 오른쪽	**右面**	야우[22] 민[22]
• 위쪽	**上面**	쌩[22] 민[22]
• 아래쪽	**下面**	하~[22] 민[22]
• 앞쪽	**前面**	친[21] 민[22]
• 뒤쪽	**後面**	하우[22] 민[22]
• 옆쪽	**側邊**	짝[55] 삔[55]
• 동쪽	**東面**	똥[55] 민[22]
• 서쪽	**西面**	싸이[55] 민[22]
• 남쪽	**南面**	남~[21] 민[22]
• 북쪽	**北面**	빡[55] 민[22]

도움이 되는 **활용어휘**

- 지하철(MTR) **地鐵** 떼이²² 틧³³
- 지하철역 **地鐵站** 떼이²² 틧³³ 짬~²²
- 택시 **的士** 떽⁵⁵ 씨³⁵
- 택시 정류장 **的士站** 떽⁵⁵ 씨³⁵ 짬~²²
- 트램 **電車** 띤²² 체⁵⁵
- 트램 정류장 **電車站** 띤²² 체⁵⁵ 짬~²²
- 배 **船** 쑨²¹
- 페리 **小輪** 씨우³⁵ 론²¹
- 부두 **碼頭** 마~¹³ 타우²¹
- 스타페리선착장 **天星碼頭** 틴⁵⁵ 쎙⁵⁵ 마~¹³ 타우²¹
- 버스 **巴士** 빠~⁵⁵ 씨³⁵
- 버스 정류장 **巴士站** 빠~⁵⁵ 씨³⁵ 짬~²²
- 공항버스 **機場巴士** 께이⁵⁵ 챙²¹ 빠~⁵⁵ 씨³⁵

지하철·택시·트램·페리·버스

- 공항고속열차 **機場快線** 께이⁵⁵ 챙²¹ 파~이³³ 씬³³
  (AEL)

- 차비 **車費** 체⁵⁵ 파이³³

홍콩의 주요 지하철 역

- 셩완 (Sheung Wan) **上環** 쎙²² 완~²¹

- 센트럴 (Central) **中環** 쫑⁵⁵ 완~²¹

- 애드미럴티 (Admiralty) **金鐘** 깜⁵⁵쫑⁵⁵

- 완차이 (Wan Chai) **灣仔** 완~⁵⁵ 짜이³⁵

- 코즈웨이베이 (Causeway Bay) **銅鑼灣** 통²¹ 로²¹ 완~⁵⁵

- 침사추이 (Tsim Sha Tsui) **尖沙咀** 찜⁵⁵ 싸~⁵⁵ 쪼위³⁵

- 조단 (Jordan) **佐敦** 쪼³⁵ 똔⁵⁵

- 야마테이 (Yau Ma Tei) **油麻地** 야우²¹ 마~²¹ 떼이³⁵

- 몽콕 (Mong Kok) **旺角** 웡²² 꼭³³

숙박

홍콩의 대표적인 숙박시설로는 호텔과 한인 민박, 게스트하우스가
있다. 호텔의 경우 전시회나 박람회 기간에는 예약하기도
어려울뿐더러 숙박비도 엄청나게 오르기 때문에 이 기간을 잘
확인하고 여행을 하도록 하자.

🐹 숙소의 종류

● 호텔

홍콩은 땅값이 비싼 관계로 호텔의 요금도 상당히
비싸다. 숙박비에 조식이 포함되지 않는 경우도 많고
싱글, 더블에 관계없이 가격이 동일한 경우도 많다. 또한
시설과 관계없이 객실 전망에 따라 요금이 달라질 수
있으니 이 점도 유의하도록 하자.

- ● 한인 민박

  호텔과 게스트 하우스의 중간 수준에 해당하며, 대부분
  한국식 아침식사가 무료로 제공되고 인터넷도 무료로
  사용할 수 있다. 싱글, 더블룸으로 구분하지 않고
  인원수에 따라 숙박비를 받는다.

- ● 게스트 하우스

  숙박비는 저렴하지만 객실이 비좁고, 창문이 없는 경우도
  있다. 성수기와 비수기, 욕실 포함 여부에 따라 숙박비가
  달라지기도 한다.

🐯 호텔에서의 체크인

호텔에서의 체크인은 보통 오후 2시 이후에 하며, 체크인 시에는 여권과 바우처 호텔예약권, 보증금이 필요하다. 보증금은 신용카드나 현금으로 계산하면 되는데, 물품이 분실되지 않았거나 미니바 객실의 소형 냉장고를 사용하지 않았다면 체크아웃 때 모두 돌려받을 수 있다.

한 가지 주의할 점은 미니바의 물, 음료, 주류 등은 공짜가 아닌데다 편의점보다 서너 배나 더 비싸기 때문에 되도록 이용하지 않는 것이 좋다.

😊 호텔에서의 팁

체크인이 끝나면 벨보이 손님의 짐을 객실까지 운반해 주고 사용법을 알려주는 사람가 객실로 짐을 들어다 준다. 이때 객실을 확인하고 문제가 있으면 다른 객실로 옮겨달라고 하면 되고, 확인이 끝나면 HK$10의 팁을 주도록 한다. 룸서비스를 받았을 경우에는 주문한 요금의 10% 정도를 주는 것이 좋으며, 외출할 때는 룸 메이드 객실을 청소해주는 여성 도우미를 위해 베개 위에 HK$10의 팁을 놓아두는 것이 좋다. 간혹 홍콩을 중국처럼 생각하고 호텔에서 팁을 주지 않는 경우가 있는데, 중국과 달리 홍콩은 호텔에서의 팁이 생활화되어 있으므로 잊지 말고 꼭 주도록 하자.

숙박

호텔에서 체크인은 보통 오후 2시 이후에 하며, 여권과
보증금, 바우처 호텔예약권 가 필요하다. 호텔은 광동어로

자주 쓰이는 표현_1

• 예약을 하셨습니까?

네이13 뗑22 쪼35 퐁35 메이22 아~33

你訂咗房未呀?

···› 서울에서 예약했어요.

(응)오13 하이35 싸우35 이13 뗑22 쪼35 퐁35

我喺首爾訂咗房。

바꿔 말하기

• 한국 韓國 혼21 꿕33
• 상해 上海 쌩22 호이35
• 북경 北京 빡55 껭55
• 대만 台灣 토이21 완~55

114
초보여행자도 한번에 찾는다

酒店 짜우 띰이라고 한다. 한국의 주점과는 달리 술집이 아니니
유의하도록 하자.

자주 쓰이는 표현_2

- 며칠 묵으실 건가요?

  네이13 이우33 쮜22 께이35 또55 얏22 아~33

  # 你要住幾多日呀?

···▸ 2박 3일입니다.

쌈~55 얏22 랭13 예22

三日兩夜.

숙박

체크인

룸서
비스

시설
이용

체크
아웃

활용
어휘

바꿔 말하기

- 1박 2일   **兩日一夜**   랭13 얏22 얏55 예22

- 3박 4일   **四日三夜**   쎄이33 얏22 쌈~55 예22

- 4박 5일   **五日四夜**   응13 얏22 쎄이33 예22

유용한 표현

▼ 체크인 하려고 하는데요.

(응)오13 쌩35 첵55 인55

我想 check in。

▶ 1인실로 드릴까요, 2인실로 드릴까요?

네이13 이우33 딴~55 안21 퐁35 떵22 쌩55 안21 퐁35 아~33

你要單人房定雙人房呀?

▼ 1인실로 주세요.

(응)오13 이우33 딴~55 안21 퐁35

我要單人房。

▼ 2인실로 주세요.

(응)오13 이우33 쌩55 안21 퐁35

我要雙人房。

▼ 이 방으로 하겠습니다.

(응)오13 이우33 니55 깐~55

我要呢間。

▼ 아침식사가 포함되어 있나요?

빠~우55 음21 빠~우55 쪼우35 찬~55 까~33

包唔包早餐㗎?

▶ 여기에 싸인 해 주세요.

음21 꼬이55 하이35 니55 또우22 침55 멩35 아~33

唔該喺呢度簽名呀。

▶ 손님방은 703호입니다.

네이13 깐~55 퐁35 하이22 찻55 렝21 쌈~55 호우22

你間房係703號。

▼ 바다 풍경이 보이는 방을 주세요.

(응)오13 이우33 야우13 호이35 껭35 께33 퐁35

我要有海景嘅房。

▼ 방을 바꾸고 싶습니다.

(응)오13 이우33 운22 퐁35

我要換房。

숙박

체크인

룸서
비스

시설
이용

체크
아웃

활용
어휘

숙박

룸서비스를 받았을 경우 팁은 주문한 요금의 10% 정도를
주는 것이 좋다. 외출 시에도 HK$10의 팁을 베개 위에

자주 쓰이는 표현_1

• 여보세요, 무엇을 도와드릴까요?

와이35, 야우13 메55 예13 호35 이13 뻥55 또우33 네이13 아~33

喂, 有咩嘢可以幫到你呀?

···▸ 여기 809호실인데요.

니55 또우22 하이22 빳~33 렝21 까우35 호우22 퐁35

呢度係809號房。

바꿔 말하기

• 912호	912號	까우35 얏55 이22 호우22
• 1013호	1013號	얏55 렝21 얏55 쌈~55 호우22
• 1508호	1508號	얏55 응13 렝21 빳~33 호우22

놓아 주는 것이 좋다. 홍콩은 호텔에서의 팁이 생활화되어
있으므로 잊지 말고 꼭 주도록 하자.

 〉자주 쓰이는 표현_2 〈

• 에어컨이 고장 났어요.

랑~13 헤이33 께이55 와이22 쪼35

冷氣機壞咗。

···› 즉시 가 보겠습니다.

(응)오13 쩩55 학55 호위33 타이35 타이35

我即刻去睇睇。

바꿔 말하기

• TV   **電視機**   띤22 씨22 께이55

• 냉장고   **雪櫃**   쒯33 꽈이22

유용한 표현

▼ 내일 아침 6시에 모닝콜을 해 주세요.

음21 꼬이55 텡55 찌우55 록22 딤35 끼우33 쎙35 (응)오13

唔該聽朝六點叫醒我。

▼ 방 청소를 좀 해주세요.

음21 꼬이55 뽕55 (응)오13 짭55 하~13 깐~55 퐁35

唔該幫我執吓間房。

▼ 열쇠를 두고 나왔어요.

(응)오13 음21 께이33 딱55 따~이33 쏘35 씨21

我唔記得帶鎖匙。

▼ 세면대에 물이 잘 안 내려가요.

싸이35 싸우35 푼21 호위33 음21 또우35 쏘위35

洗手盆去唔到水。

▼ 뜨거운 물이 안 나와요.

쏘위35 하우21 모우13 잇22 쏘위35

水喉冇熱水。

▼ 변기가 막혔어요.

치33 쏘35 싹55 쪼35

廁所塞咗。

▼ TV 화면이 잘 안 나와요.

띤22 씨22 와~35 민35 음21 쳉55

電視畫面唔清。

▼ 수건이 좀 더 필요합니다.

(응)오13 쌩35 이우33 또55 티우21 모우21 깐55

我想要多條毛巾。

▼ 화장지가 좀 더 필요합니다.

(응)오13 쌩35 이우33 또55 뀐35 치33 찌35

我想要多卷廁紙。

- -

▶ 알겠습니다, 잠깐만 기다려주세요.

호우35 아~33, 쳉35 땅35 얏55 짠22

好呀 , 請等一陣。

숙박

미니바의 물과 음료, 주류 등은 공짜가 아닌데다 편의점
보다 서너 배나 더 비싸기 때문에, 급한 경우가 아닌 이상

자주 쓰이는 표현_1

- 수영장은 몇 시에 여나요?

  웽22 치21 께이35 띰35 호이55 아~33

  # 泳池幾點開呀?

···▶ 아침 6시 반에 열어요.

  찌우55 쪼우35 록22 띰35 뿐33 호이55

  # 朝早六點半開。

바꿔 말하기

- 사우나 실   **桑拿房**   쏭55 나~21 퐁35
- 헬스클럽   **健身室**   낀22 싼55 쌋55
- 식당   **餐廳**   찬~55 텡55

이용하지 않는 것이 좋다.

자주 쓰이는 표현_2

숙박

체크인

룸서
비스

시설
이용

체크
아웃

활용
어휘

- 여기에 헬스클럽이 있나요?

  니55 또우22 야우13 모우13 낀22 싼55 쌋55 아~33

  ### 呢度有冇健身室呀?

···▶ 네, 6층에 있습니다.

  야우13, 하이35 록22 라우35

  ### 有, 喺六樓。

바꿔 말하기

- **5층**　五樓　응13 라우35

- **9층**　九樓　까우35 라우35

- **12층**　十二樓　쌉22 이22 라우35

유용한 표현

▼ 수영장은 몇 시까지 여나요?

웽22 치21 호이55 또우33 께이35 띰35 아~33

泳池開到幾點呀?

▶ 밤 9시까지 열어요.

호이55 또우33 예22 만~13 까우35 띰35

開到夜晚九點。

▼ 식당은 어디 있나요?

찬~55 텡55 하이35 삔55 또우22 아~33

餐廳喺邊度呀?

▼ 조식 뷔페가 아주 푸짐하네요.

찌22 쪼22 쪼우35 찬~55 호우35 퐁55 푸33

自助早餐好豐富。

▼ 어디에서 세탁할 수 있나요?

하이35 삔55 또우22 호35 이13 싸이35 쌈~55 아~33

喺邊度可以洗衫呀?

▶ 7층에 있는 세탁실에서요.

하이35 찻55 라우35 꼬35 꼬33 싸이35 이55 퐁21 호35 이13 싸이35

喺七樓嗰個洗衣房可以洗。

▼ 세탁을 해 주실 수 있나요?

네이13 호35 음21 호35 이13 뽕55 (응)오13 싸이35 쌈~55 아~33

你可唔可以幫我洗衫呀?

▼ 이 옷을 드라이클리닝 하고 싶은데요.

(응)오13 쌩35 꼰55 싸이35 니55 낀22 쌈~55

我想乾洗呢件衫。

▼ 비즈니스 센터는 몇 층인가요?

쌤55 모우22 쫑55 쌈55 하이35 께이35 라우35 아~33

商務中心喺幾樓呀?

▼ 와이파이를 쓸 수 있나요?

호35 음21 호35 이13 용22 와이55 파이55 아~33

可唔可以用Wi-Fi呀?

숙박

체크인

룸서
비스

시설
이용

체크
아웃

활용
어휘

숙박

체크아웃은 보통 12시까지 해야 하지만, 호텔에 따라서는
이보다 더 일찍 해야 하는 경우도 있다. 체크아웃 시에는

자주 쓰이는 표현_1

▪ 몇 시에 체크아웃 해야 되나요?

께이35 띰35 이우33 토위33 퐁35 아~33

幾點要退房呀?

⋯ 12시 전에 체크아웃 하시면 됩니다.

쌉22 이22 띰35 찌55 친21 토위33 퐁35 짜우22 딱55 라~33

十二點之前退房就得喇。

바꿔 말하기

- 11시　　**十一點**　　쌉22 얏55 띰35
- 10시　　**十點**　　쌉22 띰35

미니 바 등의 사용과 물품 분실 여부를 확인한 뒤 보증금을
돌려준다.

자주 쓰이는 표현_2

• 카드로 계산해도 되나요?

침55 캇~55 딱55 음21 딱55 아~33

簽唔得唔得呀?

⋯▶ 됩니다. / 안됩니다.

딱55 / 음21 딱55

得。 / 唔得。

바꿔 말하기

• 미국 달러로 계산 **畀美金** 뻬이35 메이13 깜55

• 한국 돈으로 계산 **畀韓元** 뻬이35 혼21 윈21

• 중국 돈으로 계산 **畀人民幣** 뻬이35 얀21 만21 빠이22

유용한 표현

▼ 체크아웃 하려고 하는데요.

(응)오13 쌩35 토위33 퐁35

我想退房。

▼ 지금 체크아웃 해도 되나요?

이21 까~55 호35 음21 호35 이13 토위33 퐁35 아~33

而家可唔可以退房呀?

▼ 카드로 계산할게요.

(응)오13 쌩35 침55 캇~55

我想簽咭。

▼ 현금으로 계산할게요.

(응)오13 뻬이35 인22 깜55

我畀現金。

▼ 미국 달러 받으시나요?

싸우55 음21 싸우55 메이13 깜55 아~33

收唔收美金呀?

▼ 짐을 좀 맡겨도 되나요?

호35 음21 호35 이13 께이33 췬21 항21 레이13 아~33

可唔可以寄存行李呀?

▼ 2시 전에 돌아올 겁니다.

(응)오13 우이13 랭13 띰35 쫑55 찌55 친21 판~55 레이21

我會兩點鐘之前返嚟。

숙박

체크인

룸서
비스

시설
이용

체크
아웃

활용
어휘

▼ 하루 더 묵고 싶어요.

(응)오13 쌩35 쮜22 또55 얏55 얏22

我想住多一日。

▼ 여기에 공항 가는 버스가 있나요?

니55 또우22 아우13 모우13 호위33 께이55 챙21 께33 빠~55 씨35 아~33

呢度有冇去機場嘅巴士呀?

▼ 택시를 불러 주세요.

음21 꼬이55 뽕55 (응)오13 끼우33 떡55 씨35

唔該幫我叫的士。

도움이 되는 **활용어휘**

- 방을 예약하다 **訂房** 띵²² 퐁³⁵
- 호텔 **酒店** 짜우³⁵ 띰³³
- 유스호스텔 **青年旅舍** 쳉⁵⁵ 닌²¹ 로위¹³ 쎄³³
- 민박 **民宿** 만²¹ 쑥⁵⁵
- 서비스 데스크 **服務臺** 폭²² 모우²² 토이²¹
- 서비스 직원 **服務員** 폭²² 모우²² 윈²¹
- 방 **房** 퐁³⁵
- 침실 **睡房** 쏘위²² 퐁³⁵
- 욕실 **沖涼房** 충⁵⁵ 랭²¹ 퐁³⁵
- 열쇠 **鎖匙** 쏘³⁵ 씨²¹
- 1인실 **單人房** 딴~⁵⁵ 얀²¹ 퐁³⁵
- 2인실 **雙人房** 쌩⁵⁵ 얀²¹ 퐁³⁵
- 싸인 **簽名** 침⁵⁵ 멩³⁵
- 신용카드 **信用咭** 쏜³³ 용²² 캇~⁵⁵
- 방을 바꾸다 **換房** 운²² 퐁³⁵

체크인

홍콩의 대표 호텔

- 페닌슐라 호텔 **半島酒店** 뿐³³ 또우³⁵ 짜우³⁵ 띰³³

- 만다린 오리엔탈 호텔
  만²¹ 와~²¹ 똥⁵⁵ 퐁⁵⁵ 짜우³⁵ 띰³³
  文華東方酒店

- 쉐라톤 호텔 **喜來登酒店** 헤이³⁵ 로이²¹ 땅⁵⁵ 짜우³⁵ 띰³³

- 인터콘티넨탈 호텔 **洲際酒店** 짜우⁵⁵ 짜이³³ 짜우³⁵ 띰³³

- 샹그리라 호텔 **香格里拉酒店** 행⁵⁵ 깍~³³ 레이¹³ 라~이⁵⁵ 짜우³⁵ 띰³³

- 그랜드하얏트호텔 **君悅酒店** 꾄⁵⁵ 윗²² 짜우³⁵ 띰³³

- 포시즌 호텔 **四季酒店** 쎄이³³ 꽈이³³ 짜우³⁵ 띰³³

- 마르코폴로 호텔 **馬哥孛羅酒店** 마~¹³ 꼬⁵⁵ 뿟²² 로²¹ 짜우³⁵ 띰³³

- 랑함 호텔 **朗豪酒店** 롱¹³ 호우²¹ 짜우³⁵ 띰³³

- 미라 호텔 **美麗華酒店** 메이¹³ 라이²² 와~²¹ 짜우³⁵ 띰³³

- 하버 플라자 호텔 **海逸酒店** 호이³⁵ 얏²² 짜우³⁵ 띰³³

도움이 되는 **활용어휘**

침대	床	촹²¹
침대 시트	床單	촹²¹ 딴~⁵⁵
베개	枕頭	쩜³⁵ 타우²¹
소파	梳化	쏘⁵⁵ 파~³⁵
옷장	衣櫃	이⁵⁵ 꽈이²²
옷걸이	衣架	이⁵⁵ 까~³⁵
책상	書檯	쒸⁵⁵ 토이³⁵
의자	櫈	땅³³
세면대	洗手盆	싸이³⁵ 싸우³⁵ 푼²¹
변기	廁所	치³³ 쏘³⁵
욕실	沖涼房	충⁵⁵ 렝²¹ 퐁³⁵
수건	毛巾	모우²¹ 깐⁵⁵
텔레비전	電視機	띤²² 씨²² 께이⁵⁵
에어컨	冷氣機	랑~¹³ 헤이³³ 께이⁵⁵

룸서비스

- 냉장고   **雪櫃**   쒯³³ 꽈이²²

- 화장지   **廁紙**   치³³ 찌³⁵

- 티슈   **紙巾**   찌³⁵ 깐⁵⁵

- 비누   **番梘**   판~⁵⁵ 깐~³⁵

- 샴푸   **洗頭水**   싸이³⁵ 타우²¹ 쏘위³⁵

- 린스   **護髮素**   우²² 팟~³³ 쏘우³³

- 치약   **牙膏**   (응)아~²¹ 꼬우⁵⁵

- 칫솔   **牙刷**   (응)아~²¹ 찻~³⁵

- 방 청소   **執房**   짭⁵⁵ 퐁³⁵

도움이 되는 **활용어휘**

• 식당	餐廳	찬~⁵⁵ 텡⁵⁵
• 수영장	泳池	웽²² 치²¹
• 헬스클럽	健身室	낀²² 싼⁵⁵ 쌋⁵⁵
• 사우나 실	桑拿房	쏭⁵⁵ 나~²¹ 퐁³⁵
• 비즈니스 센터	商務中心	쌩⁵⁵ 모우²² 쭝⁵⁵ 쌈⁵⁵
• 연회장	宴會廳	인³³ 우이²² 텡⁵⁵
• 회의실	會議室	우이²² 이¹³ 쌋⁵⁵
• 세탁실	洗衣房	싸이³⁵ 이⁵⁵ 퐁²¹
• 세탁소	洗衣店	싸이³⁵ 이⁵⁵ 띰³³
• 세탁하다	洗衫	싸이³⁵ 쌈~⁵⁵
• 드라이클리닝	乾洗	꼰⁵⁵ 싸이³⁵
• 양복	西裝	싸이⁵⁵ 쫑⁵⁵
• 이발소	飛髮舖	페이⁵⁵ 팟~³³ 포우³⁵
• 이발하다	飛髮	페이⁵⁵ 팟~³³

시설이용

- 면도하다   **剃鬚**   타이[33] 쏘우[55]
- 커피숍   **咖啡店**   까~[33] 페[55] 띰[33]
- 인터넷을 하다   **上網**   쌩[13] 몽[13]
- 엘리베이터   **軚**   립[55]

식 사

홍콩을 대표하는 음식하면 제일 먼저 떠오르는 것이 바로 딤섬 點心이다. 딤섬은 새우, 게살, 오징어 등의 해산물과 돼지고기, 닭고기, 소고기 등의 육류, 그리고 버섯, 죽순 등의 여러 가지 채소가 사용된다. 이밖에 닭발도 딤섬의 재료로 사용되고 있다. 조리법도 상당히 다양해서 찌기, 굽기, 튀기기, 삶기 등의 여러 가지 방법이 사용되고 있다. 작은 접시나 작은 대나무 찜통에 서너 개씩 올려 나오는 딤섬은 그 종류가 수백 가지에 이른다.

🍴 딤섬의 종류

• 하까우(蝦餃)

딤섬 피 사이로 투명하게 비치는
싱싱한 새우가 입 안 가득
탱글탱글하게 씹힌다.

- **챙판(腸粉)**

  쌀로 만든 쫀득쫀득한 피에
  새우 혹은 고기, 생선 등을 넣고
  기다랗게 쪄낸다. 간장을 뿌려
  먹는다.

- **씨우마이(燒賣)**

  납작한 원기둥 모양의 딤섬 피
  안에 다진 돼지고기를 채우고,
  위쪽의 트여 있는 부분에
  새우를 얹은 다음 그 위에 게
  알을 얹는다.

- **(응)아우욕카우(牛肉球)**

  다진 소고기를 공 모양으로 만든
  일종의 소고기 완자 찜으로,
  간장과 비슷한 색깔의 신 맛이
  나는 우스터소스를 뿌려 먹는다.

- **꾼통까우(灌湯餃)**

  탕 안에 들어 있는 주먹만 한 크기의
  만두가 그릇을 꽉 채우고 있다.
  이 대형 만두의 소는 새우, 게살,
  버섯, 고기 등의 여러 가지 재료를
  사용한다. 꾼통까우는 투명한
  연붉은색의 식초를 함께 곁들여 먹는다.

- **짠쮜까이(珍珠雞)**

  찹쌀 안에 돼지고기, 닭고기, 오리
  알, 말린 새우 등을 넣고 연잎으로
  싸서 쪄낸 밥. 단오에 먹는 쫑즈
  粽子와 비슷한 느낌이 나지만,
  쫑즈는 대나무 잎으로 싸는데 비해
  짠쮜까이는 연잎으로 싼다.

🍵 차찬텡 (홍콩 스타일 분식집 카페)

차찬텡 **茶餐廳**에서는 홍콩의 맛과 홍콩의 음식문화를
제대로 느껴볼 수 있다. 차찬텡의 음식은 다양한 종류와
저렴한 가격이 특히 매력적으로, 홍콩 특유의 가지각색
음식들을 이곳에서 대부분 맛 볼 수 있다. 볶음밥, 볶음면,

탕면, 죽, 육류요리, 채소요리, 토스트, 샌드위치, 각종 디저트에 음료까지, 수십 가지 종류에 양도 푸짐해서 한 끼 식사로 거뜬하다. 음식점이지만 식사를 하지 않고 차만 마셔도 상관없다.
항상 사람이 많아 합석은 기본이며, 대부분 아침 7시부터 영업을 시작한다.

🐷 홍콩의 디저트

홍콩의 디저트는 광동어로 팀빤 **甛品**이라고 한다. 달콤한 **甛** 맛이 특징이며, 종류도 수십 가지나 된다. 팀빤은 단순히 식사 후에 먹는 디저트가 아닌 홍콩을 대표하는 음식 문화 중의 하나이다. 먹는 즐거움과 보는 즐거움을 동시에 느낄 수 있으며, 특히 망고로 만든 망고푸딩이나 망고 팬케이크는 한국에서 맛 볼 수 없는 매력적인 맛이니 꼭 먹어보도록 하자.

식사

홍콩을 대표하는 음식인 수 백 가지 종류의 딤섬. 다양한
재료와 다양한 조리법으로 만든 여러 종류의 딤섬을 꼭

자주 쓰이는 표현_1

• 몇 분이세요?

  께이35 와이35 아~33

  幾位呀?

⋯▸ 두 분(두 사람)이에요.

  랭13 와이35

  兩位。

바꿔 말하기

• 세 분(세 사람)　　**三位**　쌈~55 와이35

• 네 분(네 사람)　　**四位**　쎄이33 와이35

• 일곱 분(일곱 사람)　**七位**　찻55 와이35

맛보도록 하자.

🐸 `자주 쓰이는 표현_2`

▪ 어떤 차를 드실 건가요?

얌35 맛55 에13 차~21 아~33

飲乜嘢茶呀?

⋯▶ 보이 차와 뜨거운 물 (한 주전자씩) 주세요.

얏55 우21 포우35 레이35, 얏55 우21 꽌35 쏘위35

一壺普洱, 一壺滾水。

바꿔 말하기

- 재스민 차   香片   횡55 핀35

- 우롱차   烏龍   우55 롱35

- 국화차   菊花   꼭55 파~55

유용한 표현

▶ 뭘 드시고 싶으세요?

네이13 쎙35 쎅22 맛55 예13 아~33

你想食乜嘢呀?

▼ 하까우와 씨우마이를 먹고 싶어요.

(응)오13 쎙35 쎅22 하~55 까~우35 퉁21 씨우55 마~이35

我想食蝦餃同燒賣。

▶ 무슨 딤섬을 좋아하세요?

네이13 쯍55 이33 쎅22 맛55 예13 띰35 쌈55 아~33

你鍾意食乜嘢點心呀?

▼ 다 한번 먹어보죠.

옝22 옝22 또우55 씨33 하~13 라~55

樣樣都試吓啦。

▼ 뭐든 다 먹습니다.

(응)오13 맛55 또우55 쎅22 께33

我乜都食嘅。

▼ 우리 꾼통까우를 먹어볼까?

(응)오13 떼이22 이우33 얏55 꼬33 꾼33 통55 까~우35,
호우35 음21 호우35 아~33

我哋要一個灌湯餃，好唔好呀?

▼ 차가 너무 진하네요.

띠55 차21 타~이33 농21

啲茶太濃。

식사

딤섬
식당

차찬텡

패스트
푸드점

계산

활용
어휘

▼ 다 못 먹겠으니 싸 갑시다.

쎅22 음21 싸~이33, 따~35 빠~우55 라~55

食唔晒，打包啦。

▼ 꼭 먹어봐야겠어요.

(응)오13 얏55 뗑22 이우33 씨33 하~13

我一定要試吓。

▶ 식기 전에 드세요.

찬33 잇22 쎅22 라~55

趁熱食啦。

식사

홍콩에서만 볼 수 있는 차찬텡은 홍콩 스타일 분식집 카페로, 수십 가지의 메뉴와 저렴한 가격을 자랑한다.

자주 쓰이는 표현_1

- 맛있어요?

  호우35 음21 호우35 쎅22 아~33

  ### 好唔好食呀?

···▶ 맛있어요.

  호우35 쎅22 아~33

  ### 好食呀。

바꿔 말하기

- 맛없어요 唔好食   음21 호우35 쎅22

144
초보여행자도 한번에 찾는다

대부분 아침 7시부터 영업을 시작하며, 항상 사람이 많아 합석은 기본이다.

`자주 쓰이는 표현_2`

- (곁들여 먹는) 데친 채소에는 어떤 것이 있나요?

야우21 초이33 야우13 맛55 예13 초이33 아~33

油菜有乜嘢菜呀?

⋯▸ 중국 케일이 있습니다.

야우13 까~이33 란~35

有芥蘭。

식사

딤섬
식당
차찬텡
패스트
푸드점
계산
활용
어휘

바꿔 말하기

- **초이삼** 菜心　　초이33 쌈55
- **상추** 生菜　　쌍~55 초이33

유용한 표현

▼ 메뉴판이 있나요?

음21 꼬이55 야우13 모우13 찬~55 파~이35 아~33

唔該有冇餐牌呀?

▼ 토기 냄비 요리를 두 개 시켜 보자.

이우33 룅13 꼬33 뽀우55 짜이35 초이33 라~55

要兩個煲仔菜啦。

▼ 밥 두 그릇을 주세요.

룅13 운35 판~22, 음21 꼬이55

兩碗飯，唔該。

▼ 숟가락 좀 가져다 주세요.

음21 꼬이55 로35 쩩33 치21 깡55 레이21

唔該攞隻匙羹嚟。

▼ 젓가락 좀 주세요.

음21 꼬이55 뻬이35 또위33 파~이33 찌35 (응)오13

唔該畀對筷子我。

▼ 더 드실래요?

쭝22 이우33 음21 이우33 또55 띠55 아~33

仲要唔要多啲呀?

▼ 세트메뉴가 있나요?

야우13 모우13 토우33 찬~55 아~33

有冇套餐呀?

▼ (곁들여 먹는) 데친 채소 하나 주세요.

얏55 띱22 야우21 초이33 음21 꼬이55

一碟油菜，唔該。

▼ 많이 드세요.

네이13 쎅22 또55 띠55 라~55

你食多啲啦。

▼ 정말 맛있다!

짠55 하이22 호우35 쎅22 아~33

真係好食呀!

식사

홍콩의 패스트푸드점에서는 주문과 음식 가져오는 것만 셀프일 뿐, 다 먹고 나서는 테이블에 그대로 놓아두면

자주 쓰이는 표현_1

▪ 어서 오세요.

푼55 옝21 꿩55 람21

歡迎光臨。

···▷ 소고기 버거 하나 주세요.

얏55 꼬33 (응)아우21 욕22 혼33 뽀우35 아~33, 음21 꼬이55

一個牛肉漢堡呀, 唔該。

바꿔 말하기

- **치즈 버거** 芝士漢堡　찌55 씨35 혼33 뽀우35

- **치킨 버거** 雞肉漢堡　까이55 욕22 혼33 뽀우35

- **생선 버거** 魚柳漢堡　위35 라우13 혼33 뽀우35

된다. 먹고 난 뒤에는 종업원이 치워주기 때문에, 한국처럼 직접
반납대에 가져다 줄 필요가 없다.

자주 쓰이는 표현_2

- 여기에서 드실 건가요, 가지고 가실 건가요?

  하이35 또우22 쎅22 뗑22 넹55 짜우35 아~33

  ### 喺度食定拎走呀?

···▶ 여기에서 먹을 거예요.

  하이35 또우22 쎅22, 음21 꼬이55

  ### 喺度食, 唔該。

식사

딤섬
식당

차찬텡

패스트
푸드점

계산

활용
어휘

바꿔 말하기

- 가지고 갈 거예요 拎走   넹55 짜우35

유용한 표현

▶ 음료는 어떤 걸로 하실 건가요?

얌35 맛55 예13 아~33

飲乜嘢呀?

▼ 따뜻한 레몬차 주세요.

얌35 잇22 넹35 차~21

飲熱檸茶。

▼ 차가운 커피 주세요.

얌35 똥33 까~33 페55

飲凍咖啡。

▼ 빨대는 어디에 있나요?

얌35 통35 하이35 삔55 또우22 아~33

飲筒喺邊度呀?

▼ 냅킨 좀 더 주세요.

음21 꼬이55 뻬이35 또55 쩽55 찬~55 깐55 (응)오13

唔該畀多張餐巾我。

150
초보여행자도 한번에 찾는다

▼ 위층에 자리 있나요?

라우21 쌩22 야우13 모우13 와이35 아~33

樓上有冇位呀?

▶ 네, 있어요.

야우13 아~33

有呀。

▶ 여기 자리 있나요?

쳉35 만22 꼬33 와이35 야우13 모우13 얀21 초13 아~33

請問, 個位有冇人坐呀?

▼ 아니요, 없어요. / 네, 있어요.

모우13 얀21 초13 / 야우13 얀21 초13

冇人坐。 / 有人坐。

▶ 옥토퍼스 카드로 계산할게요.

(응)오13 용22 빳~33 땃~22 통55

我用八達通。

식사

고급 식당에서는 앉은 자리에서 계산을 하면 되지만,
차찬텡 같은 경우에는 한국처럼 직접 카운터로 가서

자주 쓰이는 표현_1

> ▪ 나 배불러.
>
> (응)오13 쎅22 빠~우35 라~33
>
> ### 我食飽喇。

> ⋯▸ 여기요, 계산해 주세요.
>
> 음21 꼬이55, 마~이21 딴~55
>
> ### 唔該, 埋單!

계산

계산해야 한다.

자주 쓰이는 표현_2

* 오늘 내가 밥 살게, 어때?

  깜55 얏22 (응)오13 쳉35 네이13 쎅22 판~22,
  호우35 음21 호우35 아~33

  ## 今日我請你食飯, 好唔好呀?

···▶ 좋아, 고마워!

  호우35 아~33, 또55 쩨22

  ## 好呀, 多謝!

식사

딤섬
식당

차찬텡

패스트
푸드점

계산

활용
어휘

153
왕초짜 여행 광동어

유용한 표현

▼ 오늘 우리 각자 내자.

깜55 얏22 (응)오13 떼이22 에이55 에이55 라~55

今日我哋AA啦!

▶ 일인당 45달러씩 내면 됩니다.

얏55 얀21 쎄이33 쌉22 응13 만55

一人四十五蚊。

▼ 지난번에 내셨으니 오늘은 제가 내겠습니다.

쌩22 치33 네이13 쳉35, 깜55 얏22 론21 또우33 (응)오13 라~33

上次你請, 今日輪到我喇。

▼ 이번 식사는 제가 내겠습니다.

니55 찬~55 (응)오13 쳉35

呢餐我請。

▼ 영수증을 주세요.

음21 꼬이55 뻬이35 싸우55 꼬위33 (응)오13

唔該畀收據我。

▼ 전부 얼마인가요?

얏55 꽁22 께이35 또55 친35 아~33

一共幾多錢呀?

▶ 저희는 카드를 받지 않습니다.

(응)오13 떼이22 음21 싸우55 캇~55

我哋唔收咭。

▼ 팁은 얼마를 줘야 하나요?

뻬이35 께이35 또55 팁55 씨35 호우35 아~33

畀幾多貼士好呀?

▶ 2달러 거슬러 드리겠습니다.

짜~우35 판~55 렝13 만55 뻬이35 네이13

找返兩蚊畀你。

- -

▼ 거슬러 주실 필요 없어요.

음21 싸이35 짜~우35

唔使找。

식사

딤섬
식당

차찬텡

패스트
푸드점

계산

활용
어휘

도움이 되는 **활용어휘**

• 딤섬	**點心**	띰³⁵ 쌈⁵⁵
• 딤섬을 먹다	**飮茶**	얌³⁵ 차~²¹
• 하까우	**蝦餃**	하~⁵⁵ 까~우³⁵
• 씨우마이	**燒賣**	씨우⁵⁵ 마~이³⁵
• 챙판	**腸粉**	챙³⁵ 판³⁵
• 꾼통까우	**灌湯餃**	꾼³³ 통⁵⁵ 까~우³⁵
• 짠쮜까이	**珍珠雞**	짠⁵⁵ 쮜⁵⁵ 까이⁵⁵
• (응)아우욕카우	**牛肉球**	(응)아우²¹ 욕²² 카우²¹
• 차씨우빠우	**叉燒包**	차~⁵⁵ 씨우⁵⁵ 빠~우⁵⁵
• 퐁짜우	**鳳爪**	퐁²² 짜~우³⁵
• 파이꽛	**排骨**	파~이²¹ 꽛⁵⁵
• 촌뀐	**春卷**	촌⁵⁵ 뀐³⁵
• 함쏘위꼭	**咸水角**	함~²¹ 쏘위³⁵ 꼭³⁵
• 우꼭	**芋角**	우²² 꼭³⁵

딤섬 식당

- 찐또위   **煎堆**   찐⁵⁵ 또위⁵⁵
- 마라이꼬우   **馬拉糕**   마~¹³ 라~이⁵⁵ 꼬우⁵⁵
- 에그 타르트   **蛋撻**   딴~²² 탓~⁵⁵
- 뜨거운 물   **滾水**   꾼³⁵ 쏘위³⁵
- 재스민 차   **香片**   횡⁵⁵ 핀³⁵
- 보이차   **普洱**   포우³⁵ 레이³⁵
- 우롱차   **烏龍**   우⁵⁵ 롱³⁵
- 용정차   **龍井**   롱²¹ 쩽³⁵
- 벽라춘   **碧螺春**   삑⁵⁵ 로²¹ 춘⁵⁵
- 철관음   **鐵觀音**   팃³³ 꾼⁵⁵ 얌⁵⁵
- 국화차   **菊花**   꼭⁵⁵ 파~⁵⁵

- 차찬텡 　　茶餐廳 　　차~²¹ 찬~⁵⁵ 텡⁵⁵
- 메뉴판 　　餐牌 　　찬~⁵⁵ 파~이³⁵
- 완탄 누들 　　雲呑麵 　　완²¹ 탄⁵⁵ 민²²
- 죽 　　粥 　　쪽⁵⁵
- 소고기죽 　　牛肉粥 　　(응)아우²¹ 욕²² 쪽⁵⁵
- 볶음 밥 　　炒飯 　　차~우³⁵ 판~²²
- 볶음 면 　　炒麵 　　차~우³⁵ 민²²
- 피쉬볼 누들 　　魚蛋河 　　위²¹ 딴~³⁵ 호³⁵
- 샌드위치 　　三文治 　　쌈~⁵⁵ 만²¹ 찌²²
- 디저트 　　甜品 　　팀²¹ 빤³⁵
- 푸딩 　　布甸 　　뽀우³³ 띤⁵⁵
- 망고푸딩 　　芒果布甸 　　몽⁵⁵ 꿔³⁵ 뽀우³³ 띤⁵⁵
- 망고 주스 　　芒果汁 　　몽⁵⁵ 꿔³⁵ 쨉⁵⁵
- 단팥죽 　　紅豆沙 　　홍²¹ 따우³⁵ 싸~⁵⁵

차찬텡

- 팬케이크   **班戟**   빤~⁵⁵ 껙⁵⁵
- 망고 팬케이크   **芒果班戟**   몽⁵⁵ 꿔³⁵ 빤~⁵⁵ 껙⁵⁵
- 아침식사   **早餐**   쪼우³⁵ 찬~⁵⁵
- 점심식사   **晏晝飯**   응(안)~³³ 짜우³³ 판~²²
- 저녁식사   **晚飯**   만~¹³ 판~²²
- 숟가락   **匙羹**   치²¹ 깡⁵⁵
- 젓가락   **筷子**   파~이³³ 찌³⁵
- 냅킨   **餐巾**   찬~⁵⁵ 깐⁵⁵
- 물티슈   **濕紙巾**   쌉⁵⁵ 찌³⁵ 깐⁵⁵
- 그릇   **碗仔**   운³⁵ 짜이³⁵
- 이쑤시개   **牙籤**   (응)아~²¹ 침⁵⁵

도움이 되는 **활용어휘**

- 햄버거 　　**漢堡**　　혼³³ 뽀우³⁵
- 샌드위치 　**三文治**　쌈~⁵⁵ 만²¹ 찌²²
- 토스트 　　**多士**　　또⁵⁵ 씨³⁵
- 치즈 　　　**芝士**　　찌⁵⁵ 씨³⁵
- 햄 　　　　**火腿**　　포³⁵ 토위³⁵
- 버터 　　　**牛油**　　(응)아우²¹ 야우²¹
- 빵 　　　　**麵包**　　민²² 빠~우⁵⁵
- 케이크 　　**蛋糕**　　딴~²² 꼬우⁵⁵
- 피자 　　　**意大利薄餅**　이³³ 따~이²² 레이²² 뽁²² 뼁³⁵
- 우유 　　　**牛奶**　　(응)아우²¹ 나~이¹³
- 청량음료 　**汽水**　　헤이³³ 쏘위³⁵
- 콜라 　　　**可樂**　　호³⁵ 록²²
- 스프라이트 **雪碧**　　쏏³³ 뻭⁵⁵
- 주스 　　　**果汁**　　꿔³⁵ 짭⁵⁵

패스트푸드점/ 계산

- 차가운 레몬차 凍檸茶　　똥³³ 넹³⁵ 차~²¹
- 따뜻한 레몬차 熱檸茶　　잇²² 넹³⁵ 차~²¹
- 차가운 커피　 凍咖啡　　똥³³ 까~³³ 페⁵⁵
- 따뜻한 커피　 熱咖啡　　잇²² 까~³³ 페⁵⁵
- 차가운 밀크티 凍奶茶　　똥³³ 나~이¹³ 차~²¹
- 따뜻한 밀크티 熱奶茶　　잇²² 나~이¹³ 차~²¹
- 케첩　　　　 茄汁　　　케³⁵ 짭⁵⁵
- 잼　　　　　 占　　　　쩸⁵⁵
- 각자 내다　 AA(制)　　에이⁵⁵ 에이⁵⁵ (짜이)³³
- 신용카드　　 信用咭　　쏜³³ 용²² 캇~⁵⁵
- 현금　　　　 現金　　　인²² 깜⁵⁵
- 팁　　　　　 貼士　　　팁⁵⁵ 씨³⁵
- 영수증　　　 收據　　　싸우⁵⁵ 꼬위³³

식사

딤섬
식당
차찬텡
패스트
푸드점
계산
활용
어휘

쇼핑

쇼핑의 천국으로 잘 알려진 홍콩은 세계 각국의 소비자들이
모여드는 쇼핑의 도시로, 한국 관광객들만 한해 100만 명
이상 방문하고 있다. 홍콩에서는 매년 두 번의 정기세일을
실시하고 있는데, 6~8월의 여름 세일과 12~2월크리스마스부터
음력설까지 의 겨울 세일이 이에 해당한다. 같은 세일
기간이라도 할인율이 달라서, 여름 세일 기간에는 8월 중순,
겨울 세일 기간에는 2월 중순이 할인 폭이 가장 크다.

쇼핑 지역

- **침사추이(尖沙咀, 찜싸쪼위)**

  최고급 명품 브랜드와 중저가 브랜드가 모두 모여 있는
  쇼핑의 중심지. 홍콩에서 가장 큰 규모의 쇼핑몰인
  하버시티와 명품 숍이 줄지어 있는 캔톤로드 모두
  침사추이에 위치해 있다. 네이던 로드에서는 곳곳에서
  전자제품 상점들을 볼 수 있는데, 면세(Tax Free)라는 간판만 보고 들어갔다가는 엄청나게 바가지를 쓸 수 있으므로 각별히 주의해야 한다. 이 전자제품 상점들은 쇼핑위험 1순위 지역이므로, 되도록 전자제품은 여기에서 구입하지 않는 것이 좋다.

● 몽콕(旺角, 웡꼭)

13층짜리 현대식 쇼핑센터인 랑함 플레이스가 있는가
하면, 생필품을 주로 판매하는 저렴한 재래시장도 많이
있다. 이곳에서 가장 유명한 재래시장은 레이디스
마켓으로, 의류와 액세서리, 가방, 장난감, 시계,
생활용품 등 가지각색 품목을 판매하고 있다. 홍콩
분위기 가득한 기념품을 저렴한 가격에 구입하기 좋지만,
소매치기가 활개 치는 곳이니 소지품 관리에 특별히
주의해야 한다.

- 센트럴(中環, 쫑완)

  홍콩의 금융 중심지로 고급 호텔과 고급 쇼핑몰이 모여 있는 지역이다. 퍼시픽 플레이스와 IFC몰 같은 대형 쇼핑몰과 유명 브랜드숍이 즐비하다. 일부 명품 매장은 전 세계에서 제일 먼저 신상품을 선보이는 것으로 유명하며, 대부분 쇼핑몰은 오전 10시 이후에 문을 연다.

- 코즈웨이 베이(銅鑼灣, 통로완)

  서울의 명동에 해당하는 홍콩 제일의 번화가. 타임스 스퀘어와 소고 백화점이 위치하고 있으며, 영화관, 노점상, 재래시장까지 있어서 1년 내내 사람들의 발길이 끊이지 않는다.

쇼핑

홍콩의 유명한 쇼핑 지역으로는 구룡반도의 침사추이
찜싸쪼위 와 몽콕 웡꼭, 홍콩섬의 센트럴 쫑완 과 코즈웨이

🐭 `자주 쓰이는 표현_1`

- 무엇을 사실건가요?

  네이13 이우33 마~이13 맛55 예13 아~33

  ### 你要買乜嘢呀?

···▶ 옷 한 벌을 사려고요.

  (응)오13 이우33 마~이13 얏55 낀22 쌈~55

  ### 我要買 一件衫 。

바꿔 말하기

- **바지 한 벌**　　　一條褲　　얏55 티우21 푸33

- **치마 한 벌**　　　一條裙　　얏55 티우21 콴21

- **신발 한 켤레**　　一對鞋　　얏55 또위33 하이21

베이 통로완 가 있다.

🐸 `자주 쓰이는 표현_2`

> • 언제까지 할인 되나요?
>
> 깜~35 또우33 게이35 씨21 아~33
>
> ## 減到幾時呀?
>
> ---
>
> ⋯▸ 이번 주 토요일까지입니다.
>
> 깜~35 또우33 니55 꼬33 라이13 빠~이33 록22
>
> ## 減到呢個 禮拜六 。

바꿔 말하기

• **수요일** 禮拜三 라이13 빠~이33 쌈~55

• **목요일** 禮拜四 라이13 빠~이33 쎄이33

• **금요일** 禮拜五 라이13 빠~이33 응13

유용한 표현

▶ 천천히 구경하세요.

초위21 삔35 타이35 하~13

隨便睇吓。

▼ 이건 뭐예요?

니55 띠55 하이22 맛55 예13 라이21 까~33

呢啲係乜嘢嚟㗎?

▶ 어떤 브랜드를 찾으시나요?

네이13 이우33 삔55 쩩33 파~이21 찌35 아~33

你要邊隻牌子呀?

▶ 이 제품은 최신형입니다.

니55 푼35 쪼위33 싼55

呢款最新。

▼ 제품이 더 있나요?

쫑22 야우13 모우13 포33 아~33

仲有冇貨呀?

▶ 다 팔리고 없습니다.

모우13 싸~이33 포33

冇晒貨。

▼ 신제품은 언제 들어오나요?

싼55 포33 께이35 씨21 또우33 아~33

新貨幾時到呀?

▼ 손세탁 해주세요.

쪼위33 호우35 용22 싸우35 싸이35

最好用手洗。

▶ 시식 한번 해보세요.

네이13 씨33 하~13 쎅22 라~55

你試吓食啦。

▶ 이걸로 하세요.

마~이13 니55 쫑35 라~55

買呢種啦。

쇼핑

쇼핑
안내

물건
고르기

흥정
/포장

활용
어휘

쇼핑

홍콩 사람들은 한국 사람들에 비해 상당히 왜소하기 때문에, 홍콩의 의류 사이즈는 한국 사이즈보다 훨씬 작을

자주 쓰이는 표현_1

▪ 저기요, 이 옷은 S(스몰) 사이즈가 있나요?

음21 꼬이55 니55 낀22 쌈~55 야우13 모우13 싸이33 마~13 아~33

唔該, 呢件衫有冇細碼呀?

···▸ 이걸로 입어 보세요.

네이13 씨33 하~13 니55 낀22 라~55

你試吓呢件啦!

바꿔 말하기

• L사이즈	大碼	따~이22 마~13
• M사이즈	中碼	쫑55 마~13
• XL사이즈	加大碼	까~55 따~이22 마~13
• XS사이즈	加細碼	까~55 싸이33 마~13

수 있다. 또한 홍콩은 브랜드마다 의류 사이즈가 다르기 때문에 구입하기 전에 꼭 입어보도록 하자.

자주 쓰이는 표현_2

> • 이 바지는 어떤 색이 있나요?
>
> 니55 티우21 푸33 야우13 맛55 예13 쎅55 아~33
>
> ### 呢條褲有乜嘢色呀?
>
> ⋯⋯ 파란색과 검은색이 있어요.
>
> 야우13 람~21 쎅55 통21 학55 쎅55
>
> ### 有藍色同黑色。

쇼핑

쇼핑
안내

물건
고르기

흥정
/포장

활용
어휘

바꿔 말하기

• 흰색	白色	빡~22 쎅55
• 노란색	黃色	웡21 쎅55
• 빨간색	紅色	훙21 쎅55
• 오렌지색	橙色	창~35 쎅55

유용한 표현

▼ 제 사이즈가 있나요?

야우13 모우13 (응)오13 꼬33 마~13 아~33

有冇我個碼呀?

▼ 조금 큰 거 있나요?

야우13 모우13 따~이22 띠55 까~33

有冇大啲㗎?

▼ 입어 봐도 되나요?

야우13 모우13 딱55 씨33 아~33

有冇得試呀?

▼ 옷 갈아입는 곳은 어디 있나요?

씨33 싼55 쌋55 하이35 삔55 또우22 아~33

試身室喺邊度呀?

▼ 이걸로 주세요.

(응)오13 이우33 니55 낀22

我要呢件。

▼ 손목시계를 사고 싶은데요.

(응)오13 쌩35 마~이13 싸우35 삐우55

我想買手錶。

▼ 이건 어디에서 만든 건가요?

니55 꼬33 하이35 삔55 또우22 쪼우22 까~33

呢個喺邊度造㗎?

▼ 어떤 게 맛있나요?

삔55 쫑35 호우35 쎅22 띠55 아~33

邊種好食啲呀?

▼ 이게 제일 좋습니다.

니55 쫑35 쪼위33 렝33

呢種最靚。

▼ 3개 주세요.

음21 꼬이55 뻬이35 쌈~55 꼬33 (응)오13

唔該畀三個我。

쇼핑

물건을 구입할 때 비닐봉투는 50센트 우리 돈 약 80원 를
내고 따로 구입해야 한다.

자주 쓰이는 표현_1

- 이거 얼마예요?

  니55 꼬33 께이35 또55 친35 아~33

  # 呢個幾多錢呀?

···▶ 100달러입니다.

  얏55 빡~33 만55

  一百蚊。

바꿔 말하기

- **150달러**　一百五十蚊　얏55 빡~33 응13 쌉22 만55
- **200달러**　二百蚊　　　이22 빡~33 만55
- **1,000달러**　一千蚊　　얏55 친55 만55

🐸 자주 쓰이는 표현_2

- 할인 되나요?

  야우13 모우13 찟33 아~33

  ### 有冇折呀?

···▶ 세 개 사시면 할인됩니다.

  마~이13 쌈~55 꼬33 야우13 찟33

  ### 買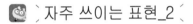個有折。

바꿔 말하기

- 두 개　　兩個　　　룅13 꼬33
- 다섯 개　五個　　　응13 꼬33
- 열 개　　十個　　　쌉22 꼬33

유용한 표현

▼ 너무 비싸요, 깎아주세요.

타~이33 꽈이33 라~33, 펭21 띠55 라~55

太貴喇,平啲啦!

▼ 좀 싸게 해 주세요.

펭21 띠55 딱55 음21 딱55 아~33

平啲得唔得呀?

▶ 좋아요, 50달러에 드릴게요.

호우35 라~33, 응13 쌉22 만55 라~55

好喇,五十蚊啦。

▶ 모두 600달러입니다.

얏55 꽁22 록22 빡~33 만55

一共六百蚊。

▼ 비닐봉투 있나요?

야우13 모우13 까~우55 또이35 아~33

有冇膠袋呀？

176
초보여행자도 한번에 찾는다

▼ 여기 넣어 주세요.

음21 꼬이55 또이22 록22 니55 또우22

唔該袋落呢度。

▼ 따로 넣어 주세요.

음21 꼬이55 판55 호이55 또이22

唔該分開袋。

▼ 비닐봉투를 더 주세요.

음21 꼬이55 뻬이35 또55 꼬33 까~우55 또이35 (응)오13

唔該畀多個膠袋我。

▼ 종이봉투 있나요?

야우13 모우13 찌35 또이35 아~33

有冇紙袋呀？

▼ 예쁘게 포장해 주세요.

음21 꼬이55 빠~우55 렝33 띠55

唔該包靚啲。

도움이 되는 **활용어휘**

• 쇼핑몰	商場	쌩⁵⁵ 챙²¹
• 백화점	百貨公司	빡~³³ 포³³ 꽁⁵⁵ 씨⁵⁵
• 면세점	免稅店	민¹³ 쏘위³³ 띰³³
• 상점	舖頭	포우³³ 타우³⁵
• 슈퍼마켓	超級市場	치우⁵⁵ 캅⁵⁵ 씨¹³ 챙²¹
• 신발가게	鞋舖	하~이²¹ 포우³⁵
• 빵집	麵包舖	민²² 빠~우⁵⁵ 포우³⁵
• 서점	書店	쒸⁵⁵ 띰³³
• 약국	藥房	옉²² 퐁²¹
• 재래시장	街市	까~이⁵⁵ 씨¹³
• 완구점	玩具舖	운²² 꼬위²² 포우³⁵
• 문구점	文具舖	만²¹ 꼬위²² 포우³⁵
• 쥬얼리샵	首飾店	싸우³⁵ 쎅⁵⁵ 띰³³

쇼핑안내 / 물건 고르기

- 옷 **衫** 쌈~ [55]
- 셔츠 **恤衫** 쏫 [55] 쌈~ [55]
- 티셔츠 **T恤** 티 [55] 쏫 [55]
- 바지 **褲** 푸 [33]
- 치마 **裙** 콴 [21]
- 양말 **襪** 맛 [22]
- 허리띠 **腰帶** 이우 [55] 따~이 [35]
- 신발 **鞋** 하~이 [21]
- 구두 **皮鞋** 페이 [21] 하~이 [21]
- 운동화 **波鞋** 뽀 [55] 하~이 [21]
- 사진기 **相機** 쌩 [35] 께이 [55]
- 손목시계 **手錶** 싸우 [35] 삐우 [55]
- 쥬얼리 **首飾** 싸우 [35] 쎅 [55]
- 옥 **玉器** 욕 [22] 헤이 [33]

도움이 되는 **활용어휘**

• 목걸이	頸鏈	껭³⁵ 린³⁵
• 귀걸이	耳環	이¹³ 완~³⁵
• 반지	戒指	까~이³³ 찌³⁵
• 안경	眼鏡	안~¹³ 껭³⁵
• 찻잎	茶葉	차~²¹ 입²²
• 장난감	玩具	운²² 꼬위²²
• 화장품	化妝品	파~³³ 쫑⁵⁵ 빤³⁵
• 립스틱	唇膏	쏜²¹ 꼬우⁵⁵
• 향수	香水	횡⁵⁵ 쏘위³⁵
• 공예품	工藝品	꽁⁵⁵ (응)아이²² 빤³⁵
• 브랜드	牌子	파~이²¹ 찌³⁵
• 사이즈	晒士	싸~이⁵⁵ 씨³⁵
• 스몰(S) 사이즈	細碼	싸이³³ 마~¹³
• 미디움(M) 사이즈	中碼	쫑⁵⁵ 마~¹³

물건 고르기 / 흥정 / 포장

- 라지(L) 사이즈 **大碼** 따~이²² 마~¹³
- 엑스라지(XL) 사이즈 **加大碼** 까~⁵⁵ 따~이²² 마~¹³

- 가격 **價錢** 까~³³ 친²¹
- 가격표 **價目表** 까~³³ 목²² 삐우³⁵
- 값을 부르다 **開價** 호이⁵⁵ 까~³³
- 값을 내리다 **減價** 깜~³⁵ 까~³³
- 싸다 **平** 펭²¹
- 비싸다 **貴** 꽈이³³
- 배달하다 **送貨** 쏭³³ 포³³
- 비닐봉투 **膠袋** 까~우⁵⁵ 또이³⁵
- 종이봉투 **紙袋** 찌³⁵ 또이³⁵

관 광

홍콩은 쇼핑의 도시로 알려져 있지만, 볼거리도 많은 곳이다. 박물관과 공원, 재래시장, 사원, 테마파크 등 관광하기에 좋은 곳들이 많기 때문에, 굳이 쇼핑이 아니더라도 관광을 목적으로 여행하기에도 좋다.

홍콩 역사 박물관

선사시대부터 영국과 일본의 식민지 시대를 거쳐 중국에 반환되기까지, 모든 홍콩의 역사가 이곳 역사박물관에 전시되어 있다. 8개의 갤러리에 전시되어 있는 4,000여점의 유물과 사진을 통해 홍콩의 역사와 홍콩 사람들의 생활상을 생생하게 엿볼 수 있다.

까우롱 공원

빌딩으로 가득찬 홍콩 도심 속에 위치한 녹음 짙은 자연

공원이다. 서울 여의도 공원 절반 정도의 크기로, 호수, 중국식 정원, 조류원 새장, 수영장, 놀이터 등을 갖추고 있다. 여름에 홍콩을 여행하다 지치면 공원의 나무 그늘 아래에서 잠시 쉬는 것도 좋다.

🎬 스타의 거리

우리에게 친숙한 홍콩 배우와 감독의 손도장을 볼 수 있다. 바다 건너 홍콩섬의 풍경을 감상하기에도 좋고, 산책을 하거나 야경을 감상하기에도 좋은 장소이다. 영화를 상징하는 다양한 조형물이 있으며 이소룡의 동상도 쉽게 찾아볼 수 있다.

🎬 심포니 오브 라이트

매일 밤 8시, 경쾌한 음악과 함께 형형색색의 레이저가 홍콩의 밤하늘을 물들인다. 레이저 쇼가 진행되는 동안 안내방송도 나오는데, 요일에 따라 각각 다른 언어 광둥어, 영어, 중국어 로 방송을 한다. 홍콩의 멋진 야경을 감상하고 싶다면 절대 놓치지 말자.

🐨 빅토리아 피크

홍콩섬에서 가장 높은 곳에 위치한 빅토리아 피크로 올라갈
때는, 피크트램을 타고 올라가자. 피크트램을 타고 올라갈
때는 창밖에 펼쳐지는 풍경을 감상하고, 빅토리아 피크에
도착해서는 피크타워에 올라가 홍콩 전체를 감상해보자.
마담투소 밀랍인형 박물관에
들러 유명 인사들의 실물크기의
밀랍인형을 구경하는 것도 또
하나의 재미이다.

🐨 옹핑 케이블카 / 청동 불상

빠른 속도로 이동하는 케이블카를
타고 란타우 섬의 풍광을 한눈에
내려다 볼 수 있다. 바닥이 유리로
되어 있는 케이블카를 타면 더욱
아찔하다. 이동 시간이 꽤 길어서
20~25분 정도가 소요되며, 목적지에

도착할 무렵이면 세계 최대의 청동 좌불이 보이기 시작한다. 뽀우린 사원에 위치한 이 좌불은 높이 34m, 무게 250톤의 초대형 불상으로, 총 12년에 걸쳐 완성되었다. 268개의 계단을  따라 올라가면 연꽃 위에 앉아 있는 청동 좌불을 가까이에서 볼 수 있다.

🐳 해양공원

홍콩 최대의 테마파크로, 그 면적은 서울 여의도 공원의 세 배에 해당한다. 공원 안에는 여러 가지 놀이기구와 동물원, 수족관, 케이블카 등 다양한 시설이 마련되어 있다.

관광

홍콩에는 박물관과 사원, 재래시장과 테마파크 등 관광하기 좋은 명소들이 많이 있다. 이러한 곳들을

자주 쓰이는 표현_1

- 몇 시에 문을 여요?

  께이35 띰35 호이55 문21 아~33

  ## 幾點開門呀?

···▶ 오전 10시에 엽니다.

  쌩22 짜우33 쌉22 띰35

  ## 上晝十點.

바꿔 말하기

- 9시 九點 까우35 띰35

- 11시 十一點 쌉22 얏55 띰35

둘러보며 견문을 넓히는 것도 기억에 남는 멋진 여행이 될 수 있다.

자주 쓰이는 표현_2

- 뭘 타고 갈 건가요?

  땁~33 맛55 예13 체55 아~33

  # 搭乜嘢車呀?

···▶ 배(페리)를 타고 갈 거예요.

  땁~33 쒼21

  # 搭船。

관광
관광
안내
관광지
활용
어휘

바꿔 말하기

- **트램 電車** 띤22 체55
- **버스 巴士** 빠~55 씨35
- **택시 的士** 떽55 씨35
- **비행기 飛機** 페이55 께이55

유용한 표현

▼ 디즈니랜드는 어디에 있나요?

떽22 씨22 네이21 하이35 삔55 또우22 아~33

迪士尼喺邊度呀?

▶ 란타우 섬에 있어요.

하이35 따~이22 위21 싼~55

喺大嶼山。

▼ 우리 청동 좌불을 보러 가요!

(응)오13 떼이22 호위33 타이35 따~이22 팟22 라~55

我哋去睇大佛啦!

▼ 해양공원은 재미있나요?

호이35 옝21 꽁55 윈35 호우35 음21 호우35 완~35 아~33

海洋公園好唔好玩呀?

▼ 역사박물관 휴관일은 언제인가요?

렉22 씨35 뽁33 맛22 꾼35 삔55 얏22 야우55 쎅55 까~33

歷史博物館邊日休息㗎?

▼ 어느 곳의 야경이 제일 멋진가요?

삔55 또우22 께33 예22 껭35 쪼위33 렝33 아~33

邊度嘅夜景最靚呀?

▶ 피크트램을 타고 빅토리아 피크에 올라가세요.

땁~33 싼~55 뗑35 람~22 체55 호위33 타~이33 펭21 싼~55 라~55

搭山頂纜車去太平山啦!

▼ 라마섬에 가고 싶어요.

(응)오13 쌩35 호위33 남~21 아~55 또우35

我想去南丫島。

관광

관광
안내

관광지

활용
어휘

▶ 늦게 오시면 안 됩니다.

음21 호우35 치21 또우33

唔好遲到!

▶ 거기는 무료로 입장할 수 있어요.

꼬35 또우22 호35 이13 민13 파이33 얍22 쳉21

嗰度可以免費入場。

관광

박물관, 전시관, 미술관은 매주 수요일에 무료로 입장할
수 있다.

`자주 쓰이는 표현_1`

• 몇 시에 문을 닫나요?

께이35 띰35 싼~55 문21 아~33

幾點門門呀?

···· 오후 6시에 닫습니다.

하~22 짜우33 록22 띰35

下晝六點。

바꿔 말하기

• 오후 5시   下晝五點   하~22 짜우33 응13 띰35

• 저녁 8시   夜晚八點   예22 만~13 빳~33 띰35

`자주 쓰이는 표현_2`

• 입장료는 얼마인가요?

압22 쳉21 파이33 께이35 또55 친35 아~33

入場費幾多錢呀?

···▶ 100달러입니다.

얏55 빡~33 만55

一百蚊。

 바꿔 말하기

• 10달러   十蚊   쌉22 만55

• 250달러   二百五十蚊   이22 빡~33 응13 쌉22 만55

유용한 표현

▼ 여기 경치가 정말 멋지네요.

니55 또우22 께33 퐁55 껭35 짠55 하이22 호우35 렝33 아~33

呢度嘅風景真係好靚呀。

▼ 케이블카를 타고 싶어요.

(응)오13 썅35 땁~33 람~22 체55

我想搭纜車。

▼ 지도를 주세요.

음21 꼬이55 삐이35 쨍55 떼이22 토우21 (응)오13

唔該畀張地圖我。

▼ 여기서 사진을 찍어도 되나요?

니55 또우22 호35 음21 호35 이13 옝35 쌩35 아~33

呢度可唔可以影相呀?

▼ 처음 와 보는 거예요.

니55 치33 하이22 (응)오13 따이22 얏55 치33 레이21 라~33

呢次係我第一次嚟喇。

▼ 어른은 얼마인가요?

따~이22 얀21 께이35 또55 친35 아~33

大人幾多錢呀?

▼ 어린이는 얼마인가요?

싸이33 로우22 께이35 또55 친35 아~33

細路幾多錢呀?

▼ 표 두 장 주세요.

음21 꼬이55 뻬이35 랭13 쩽55 페이55 (응)오13

唔該畀兩張飛我。

▼ 어디에 화장실이 있나요?

삔55 또우22 야우13 싸이35 싸우35 깐~55 아~33

邊度有洗手間呀?

▼ 기념품을 좀 사 갑시다.

마~이13 띠55 싸우35 쏜33 판~55 호위33 라~55

買啲手信返去啦!

도움이 되는 **활용어휘**

• 여행	**旅行**	로위[13] 힝[21]
• 여행사	**旅行社**	로위[13] 힝[21] 쎄[13]
• 여행 가이드	**導遊**	또우[22] 야우[21]
• 여행단	**旅行團**	로위[13] 힝[21] 퇀[21]
• 사원	**寺廟**	찌[22] 미우[35]
• 공원	**公園**	꽁[55] 윈[35]
• 재래시장	**街市**	까~이[55] 씨[13]
• 박물관	**博物館**	뽁[33] 맛[22] 꾼[35]
• 미술관	**美術館**	메이[13] 쏫[22] 꾼[35]
• 기념관	**紀念館**	께이[35] 님[22] 꾼[35]
• 예술관	**藝術館**	(응)아이[22] 쏫[22] 꾼[35]
• 전시 센터	**展覽中心**	찐[35] 람~[13] 쭝[55] 쌈[55]
• 동물원	**動物園**	똥[22] 맛[22] 윈[21]
• 식물원	**植物園**	쩩[22] 맛[22] 윈[21]

관광안내 / 관광지

- 영화관　　　　**戲院**　　헤이³³ 윈³⁵
- 박람회　　　　**博覽會**　　뽁³³ 람~¹³ 우이³⁵
- 전람회　　　　**展覽會**　　찐³⁵ 람~¹³ 우이³⁵
- 음악회　　　　**音樂會**　　얌⁵⁵ (응)옥²² 우이³⁵
- 명승고적　　　**名勝古蹟**　멩²¹ 쌩³³ 꾸³⁵ 쩩⁵⁵

- 입장료　　　　**入場費**　　압²² 챙²¹ 파이³³
- 입장권　　　　**入場飛**　　압²² 챙²¹ 페이⁵⁵
- 지도　　　　　**地圖**　　　떼이²² 토우²¹
- 사진 찍다　　　**影相**　　　영³⁵ 쌩³⁵
- 문을 열다　　　**開門**　　　호이⁵⁵ 문²¹
- 문을 닫다　　　**閂門**　　　싼~⁵⁵ 문²¹
- 어른　　　　　**大人**　　　따~이²² 안²¹
- 어린이　　　　**細路**　　　싸이³³ 로우²²

도움이 되는 **활용어휘**

- 연장자　　　　**長者**　　쩽[35] 쩨[35]
- 외국인　　　　**外國人**　　(응)오이[22] 꿕[33] 얀[21]
- 기념품　　　　**手信**　　싸우[35] 쏜[33]
- 엽서　　　　　**甫士咭**　　포우[55] 씨[22] 캇~[55]
- 화장실　　　　**洗手間**　　싸이[35] 싸우[35] 깐~[55]

- 템플 스트리트 **廟街**　　미우[22] 까~이[55]
- 틴하우 사원　**天后廟**　　틴[55] 하우[22] 미우[35]
- 뽀우린 사원　**寶蓮寺**　　뽀우[35] 린[21] 찌[35]
- 침사추이시계탑 **尖沙咀鐘樓**　찜[56] 싸~[55] 쪼위[35] 쫑[55] 라우[21]
- 스타의 거리　**星光大道**　　쎙[55] 꿩[55] 따~이[22] 또우[22]
- 캔톤로드　　　**廣東道**　　꿩[35] 똥[55] 또우[22]
- 할리우드 로드 **荷李活道**　호[21] 레이[13] 웃[22] 또우[22]
- 꽃시장　　　　**花墟**　　파~[55] 호위[55]

초보여행자도 한번에 찾는다

관광지 / 홍콩 유명 관광지

- 옥 시장 　　　**玉器市場** 　욕²² 헤이³³ 씨¹³ 쳉²¹
- 레이디스 마켓 **女人街** 　　노위¹³ 안³⁵ 까~이⁵⁵
- 웨스턴 마켓 　**西港城** 　　싸이⁵⁵ 꽁³⁵ 쎙²¹
- 구룡 공원 　　**九龍公園** 　까우³⁵ 롱²¹ 꽁⁵⁵ 윈³⁵
- 빅토리아 공원 **維多利亞公園**
　　　　　　　　와이²¹ 또⁵⁵ 레이²² 아~³³ 꽁⁵⁵ 윈³⁵
- 해양공원 　　**海洋公園** 　호이³⁵ 옝²¹ 꽁⁵⁵ 윈³⁵
- 디즈니랜드 　**迪士尼** 　　　떽²² 씨²² 네이²¹

여흥

홍콩에서 여흥을 즐기는 방법은 여러 가지가 있지만, 홍콩 사람들의 생활을 느껴보고 싶다면 공원에 가서 그들의 일상을 직접 보고 느끼는 것도 좋다. 아침 운동을 하는 시간이나 일요일에 공원을 가면 홍콩 사람들의 일상을 직접 느껴볼 수 있다.

아침 운동

아침 6시에 홍콩의 공원에 가면, 넓은 광장에 모여 아침운동을 하는 사람들을 만날 수 있다. 열심히 태극권을 하는 어르신들도 있고, 가벼운 스트레칭으로 몸을 푸는 젊은이들도 있다. 이밖에 조깅을 하거나 빠르게 걷는 사람 등등, 매일같이 부지런히 운동을 하며 모두들 자신의 건강을 지켜나간다.

🐷 야외 수영장

구룡공원의 야외수영장은 아침 6시 반부터 밤 10시까지,
중간에 한 두 시간의 휴식 시간을 제외하고는 줄곧
일반인에게 개방을 한다. 운동으로
수영을 하고 싶거나, 수영으로
스트레스를 풀어버리고
싶은 사람들은 언제든지
이곳을 이용할 수 있다. 수영장
한쪽에는 아담한 인공폭포도 있고
안전요원도 배치되어 있다.

🐷 놀이터

일요일 오후에 놀이터에 가면, 신나게 뛰어노는 아이들과
그 옆에서 함께 놀아주는 부모들을 볼 수 있다. 대부분이
맞벌이 가정인 홍콩에서는 평일에
가족들과 함께 시간을 보내기가
어렵기 때문에, 특별히 일요일에
시간을 내어 가족들과 함께
지낸다.

여흥

이른 아침에 공원에서 태극권 하는 사람들을 쉽게 만날 수 있으며, 조깅을 하거나 스트레칭을 하는 사람들도 흔히

자주 쓰이는 표현_1

- 운동 좋아하세요?

  네이13 쫑55 음21 쫑55 이33 쭈우22 완22 뚱22 아~33

  ### 你鍾唔鍾意做運動呀?

···▶ 네, 좋아해요.

(응)오13 쫑55 이33

我鍾意。

바꿔 말하기

- 아니오, 안 좋아해요. 唔鍾意   음21 쫑55 이33

볼 수 있다.

🐸 〉자주 쓰이는 표현_2〈

- 무슨 운동을 좋아하세요?

  네이13 쯩55 이33 맛55 예13 완22 똥22 아~33

  # 你鍾意乜嘢運動呀?

···▶ 수영을 좋아해요.

  (응)오13 쯩55 이33 야우21 쏘위35

  # 我鍾意游水。

여흥

운동

술집

활용

어휘

바꿔 말하기

- **축구**　　**踢波**　　텍33 뽀55

- **야구**　　**打棒球**　　따~35 팡~13 카우21

- **농구**　　**打籃球**　　따~35 람~21 카우21

유용한 표현

▼ 어디에서 아침 운동을 하시나요?

네이13 호위33 삔55 또우22 싼21 완22 아~33

你去邊度晨運呀?

▶ 아침마다 산에 올라갑니다.

(응)오13 찌우55 찌우55 항~21 싼~55

我朝朝行山。

▶ 아침마다 태극권을 합니다.

(응)오13 찌우55 찌우55 싸~35 타~이33 껙22

我朝朝耍太極。

▼ 구룡공원 안에는 수영장이 있나요?

까우35 롱21 꽁55 윈35 압22 민22 야우13 모우13 웽22 치21 아~33

九龍公園入面有冇泳池呀?

▶ 경기 관람하는 것을 좋아합니다.

(응)오13 쫑55 이33 타이35 뽀55

我鍾意睇波。

202
초보여행자도 한번에 찾는다

▶ 태극권을 배우고 있어요.

(응)오13 혹22 깐35 싸~35 타~이33 껙22

我學緊耍太極。

▶ 몇 년 배웠어요.

(응)오13 혹22 쪼35 께이35 닌21

我學咗幾年。

▶ 운동장에서 조깅을 합니다.

하이35 완22 똥22 쳉21 파~우35 뽀우22

喺運動場跑步。

▶ 운동을 끈기 있게 못 합니다.

(응)오13 모우13 항21 쌈55 쪼우22 완22 똥22

我冇恆心做運動。

▶ 움직이는 걸 싫어합니다.

(응)오13 호우35 란~13 욕55

我好懶郁。

여흥

홍콩의 밤을 느껴보고 싶다면 센트럴의 란콰이펑 蘭桂坊,
란 꽈이 퐁에 한 번 가보자. 홍대 앞 분위기를 그대로

자주 쓰이는 표현_1

* 우리 한 잔 하러 가자.

  (응)오13 떼이22 호위33 얌35 뿌이55 예13 라~55

  我哋去飲杯嘢啦!

···▶ 좋아.

  호우35 아~33

  好呀.

느낄 수 있을 것이다.

자주 쓰이는 표현_2

• 어떤 술로 드실 건가요?

얌35 맛55 예13 짜우35 아~33

飮乜嘢酒呀?

···▶ 맥주 한 잔 주세요.

얏55 뿌이55 뻬55 짜우35, 음21 꼬이55

一杯 啤酒 , 唔該。

바꿔 말하기

• 칵테일　　雞尾酒　까이55 메이13 짜우35

• 위스키　　威士忌　와이55 씨22 께이35

유용한 표현

▼ 건배!

얌35 뿌이55

飮杯!

▼ 원 샷!

얌35 쎙33

飮勝!

▼ 마실 만큼만 드세요.

초위21 뢩35 라~55

隨量啦!

▼ 생맥주 한 잔 주세요.

얏55 뿌이55 쌍~55 뻬55 짜우35, 음21 꼬이55

一杯生啤酒，唔該。

▼ 포도주 한 잔 주세요.

얏55 뿌이55 훙21 짜우35, 음21 꼬이55

一杯紅酒，唔該。

▼ 맥주 한 병 주세요.

얏55 찌55 삐55 짜우35, 음21 꼬이55
一支啤酒，唔該。

▼ 한 잔 더 주세요.

이우33 또55 얏55 뿌이55, 음21 꼬이55
要多一杯，唔該。

▼ 한 병 더 주세요.

이우33 또55 얏55 찌55, 음21 꼬이55
要多一支，唔該。

▼ 저는 술을 잘 못합니다.

(응)오13 음21 하이22 께이35 얌35 딱55
我唔係幾飲得。

▼ 저는 술을 못 마십니다.

(응)오13 음21 쎅55 얌35 짜우35
我唔識飲酒。

- 운동　　　　　　運動　　　　완²² 똥²²
- 운동을 하다　　　做運動　　　쪼우²² 완²² 똥²²
- 아침 운동　　　　晨運　　　　싼²¹ 완²²
- 축구를 하다　　　踢波　　　　텍³³ 뽀⁵⁵
- 야구를 하다　　　打棒球　　　따~³⁵ 팡~¹³ 카우²¹
- 농구를 하다　　　打籃球　　　따~³⁵ 람~²¹ 카우²¹
- 골프를 치다　　　打高爾夫球　따~³⁵ 꼬우⁵⁵ 이¹³ 푸⁵⁵ 카우²¹
- 테니스를 치다　　打網球　　　따~³⁵ 몽¹³ 카우²¹
- 배드민턴을 치다　打羽毛球　　따~³⁵ 위¹³ 모우²¹ 카우²¹
- 수영하다　　　　　游水　　　　아우²¹ 쏘위³⁵
- 태극권을 하다　　耍太極　　　싸~³⁵ 타~이³³ 껙²²
- 산에 오르다　　　行山　　　　항~²¹ 싼~⁵⁵
- 조깅하다　　　　　跑步　　　　파~우³⁵ 뽀우²²

운동 / 술집

• 술	酒	짜우[35]
• 술을 마시다	飮酒	얌[35] 짜우[35]
• 맥주	啤酒	뻬[55] 짜우[35]
• 생맥주	生啤酒	쌍~[55] 뻬[55] 짜우[35]
• 포도주	紅酒	홍[21] 짜우[35]
• 칵테일	雞尾酒	까이[55] 메이[13] 짜우[35]
• 위스키	威士忌	와이[55] 씨[22] 께이[35]
• 샴페인	香檳	횡[55] 빤[55]

여흥

운동
술집
활용
어휘

전 화

홍콩에서 한국으로 전화를 걸 때는 국가번호 82를 누르면 되고, 한국에서 홍콩으로 전화를 걸 때는 국가번호 852를 누르면 된다.

🍀 홍콩에서 한국으로 전화걸 때

★ 일반전화 02-345-6789로 걸 때

000 + 82 + 2 + 345 - 6789

국제전화
서비스번호 한국 지역번호 전화번호

▸ 지역번호 앞자리의 '0'은 생략함
▸ 서울 : 02 ⇨ 2 / 부산 : 051 ⇨ 51 / 인천 : 032 ⇨ 32

★ 휴대전화 010-2345-6789로 걸 때

000 + 82 + 10 - 2345 - 6789

국제전화
서비스번호 한국 휴대전화번호

▸ 휴대전화번호 앞자리의 '0'은 생략함
▸ 010 ⇨ 10

🔊 한국에서 홍콩으로 전화 걸 때

★ 일반전화 2345-6789로 걸 때

000 + 852 + 2345-6789

국제전화
서비스번호   홍콩   전화번호

▸ 홍콩은 국가번호만 있고 지역번호는 따로 없음

★ 휴대전화 9876-5432로 걸 때

000 + 852 + 9876-5432

국제전화
서비스번호   홍콩   휴대전화번호

▸ 홍콩은 일반전화와 휴대전화 모두 8자리임

🔊 홍콩에서 유심카드 구매법과 사용법

유심카드는 공항 내 통신사 차이나 모바일, China Mobile, 中國移動 영업점에서 구입해도 되고, 시내의 세븐일레븐 같은 편의점에서 구입해도 된다. 가격은 여러 종류가 있으므로 본인의 상황에 따라 선택하면 된다. 여행자는 선불 SIM 카드를 구입하는 것이 편리하며, 데이터를 모두 사용했을 경우에는 시내 통신사 영업점을 찾아가 추가로 충전하면 된다. 유심카드 사용 시 휴대전화의 전원을 끄고, 전화 안의 유심카드를 빼낸다. 그 다음 홍콩에서 새로 구입한 유심카드를 그 자리에 끼워 넣고 전원을 켠다. 그리고 유심카드 포장에 쓰여 있는 전화번호로 전화를 걸면 자동으로 개통이 된다.

전 화

🐱 자주 쓰이는 표현_1

- 여보세요, Miss 깜(金) 계시나요?

  와이35, 음21 꼬이55, 깜55 씨우35 쩨35 하이35 음21
  하이35 또우22 아~33

  # 喂, 唔該, 金小姐喺唔喺度呀?

···▶ 안 계시는데요, 누구신가요?

  코위13 음21 하이35 또우22,
  네이13 하이22 삔55 와이35 아~33

  ## 佢唔喺度, 你係邊位呀?

바꿔 말하기

- 네, 계세요, 잠깐만 기다려 주세요.

  喺度, 唔該等等! 하이35 또우22, 음21 꼬이55 땅35 땅35

자주 쓰이는 표현_2

• 찬(陳) 사장님 전화번호 아시나요?

네이13 찌55 음21 찌55 찬21 로우13 빤~35
께33 띤22 와~35 아~33

你知唔知陳老闆嘅電話呀?

···▶ 2938-7461입니다

이22 까우35 쌈~55 빳~33 찻55 쎄이33 록22 얏55

2938-7461。

전화

전화
표현

활용
어휘

바꿔 말하기

• 폭(朴) 선생님　　**朴先生**　폭33 씬55 쌍~55

• 초위(崔) 씨 부인　**崔太太**　초위55 타~이33 타~이35

• 웡(王) 학우　　　**王同學**　웡21 통21 혹22

유용한 표현

▼ 전화번호가 몇 번이에요?

네이13 께33 띤22 와~35 하이22 께이35 또55 호우22 아~33

你嘅電話係幾多號呀?

▼ 여보세요, 라우(劉) 선생님이신가요?

와이35, 네이13 하이22 음21 하이22 라우21 씬55 쌍~55 아~33

喂, 你係唔係劉先生呀?

▶ 네, 저예요.

(응)오13 하이22 아~33

我係呀。

▶ 여보세요, 누구를 찾으시나요?

와이35, 네이13 완35 삔55 와이35 아~33

喂, 你搵邊位呀?

▼ 이런, 휴대폰 배터리가 다 됐네.

빠이22 라~33, 싸우35 께이55 모우13 띤22

弊喇, 手機冇電。

▶ 방금 나가셨는데요.

코위13 암~55 암~55 항~21 호이55 쪼35

佢啱啱行開咗。

─────────────────────────────

▼ 언제 들어오시나요?

코위13 께이35 씨21 판~55 레이21 아~33

佢幾時返嚟呀?

─────────────────────────────

▶ 잠시 후에 다시 걸어 주세요.

네이13 얏55 짠22 쪼이33 따~35 레이21 라~55

你一陣再打嚟啦!

─────────────────────────────

▼ 아무도 안 받습니다.

모우13 얀21 텡55 띤22 와~35

冇人聽電話。

─────────────────────────────

▼ 다시 한 번 말씀 해 주십시오.

네이13 쪼이33 꽁35 또55 얏55 치33 라~55

你再講多一次啦!

도움이 되는 **활용어휘**

• 전화	**電話**	띤²² 와~³⁵
• 휴대폰	**手機**	싸우³⁵ 께이⁵⁵
• 전화번호	**電話號碼**	띤²² 와~³⁵ 호우²² 마~¹³
• 국제전화	**國際電話**	꿕³³ 짜이³³ 띤²² 와~³⁵
• 전화를 걸다	**打電話**	따~³⁵ 띤²² 와~³⁵
• 전화를 잘못 걸다	**打錯電話**	따~³⁵ 초³³ 띤²² 와~³⁵
• 전화를 받다	**聽電話**	텡⁵⁵ 띤²² 와~³⁵
• 통화중이다	**講緊電話**	꽁³⁵ 깐³⁵ 띤²² 와~³⁵
• 로밍	**漫遊**	만~²² 야우²¹
• 유심 카드	**儲值咭**	초우¹³ 쩩²² 캇~⁵⁵
• 데이터	**數據**	쏘우³³ 꼬위³³
• 데이터 무제한	**無限數據**	모우²¹ 한~²² 쏘우³³ 꼬위³³
• 와이파이	**Wi-Fi**	와이⁵⁵ 파이⁵⁵

전화

홍콩 내 주요 연락처

- 주 홍콩 대한민국 총영사관   **2529-4141**
- 총영사관 영사과   **2528-3666**
- 한국관광공사   **2523-8065**
- 홍콩 한인회   **2543-9387**
- 홍콩 한인 상공회   **2544-1713**
- 대한무역투자진흥공사(KOTRA)   **2545-9500**
- 케세이퍼시픽   **2747-1888**
- 아시아나항공   **2523-8585**
- 대한항공   **2733-7111**
- 긴급구조센터   **999**

전화
전화
표현
활용
어휘

긴 급

홍콩의 치안은 매우 좋지만, 부주의로 인한 분실사고가 자주 발생하니 여행 시 항상 주의하여야 한다. 여권을 분실했을 경우에는 주 홍콩 대한민국 총영사관을 찾아가 재발급 받도록 한다.

분실/도난

분실사고는 대개 쇼핑센터나 식당, 지하철이나 버스 등 사람들이 북적이는 곳에서 가장 많이 일어난다. 자리에서 일어날 때는 항상 좌석이나 바닥에 놓아둔 가방과 소지품을 제대로 챙겼는지 확인하도록 하자. 또한 쇼핑백을 여러 개 손에 주렁주렁 들고 다니게 되면 잃어버리기 쉬우니 되도록 짐을 간소화 하도록 하자.

야시장이나 러시아워 때의 지하철에서는 소매치기와 같은 도난사고가 종종 발생한다. 배낭은 항상 앞으로 매도록 하고, 지갑이나 휴대폰은 손에 들지 말고 가방에 넣어 몸에서 떨어지지 않게 하자.

여권은 분실하지 않도록 각별히 주의하고, 만일에 대비해 사진이 부착된 면을 1~2장 정도 복사해 지니고 다니는 것도 좋은 방법이다.

🐼 질병

한국에서 감기약이나 소화제 같은 비상약을 챙겨 가는 것이 가장 좋지만, 깜빡 잊고 준비하지 못했을 경우에는 홍콩에서 구입하면 된다. 약국에서 구입해도 되지만 왓슨스, 매닝스와 같은 드러그 스토어나 파큰샵, 웰컴 같은 슈퍼마켓에서 구입해도 된다.

홍콩의 드러그 스토어나 슈퍼마켓은 한국과는 달리 감기약, 소화제, 두통약, 일회용반창고와 같은 비상약을 모두 구비하고 있다. 게다가 홍콩 전역에 체인점을 가지고 있어서 어디에서든지 쉽게 구입할 수 있다. 대부분의 약에는 한자와 함께 영어가 표기되어 있어서 구입 시에 큰 불편함은 없을 것이다.

🚻 화장실

홍콩은 대부분의 지하철역에 화장실이 없다(예전에는 전혀 없었지만 요즘에는 한 두 군데씩 생기는 추세이다). 그래서 한국처럼 모든 지하철역에 화장실이 있을 거라 생각하고 지하철역에 들어섰다가는 낭패를 볼 수 있다.

급히 화장실을 이용해야 할 경우, 가장 좋은 방법은 대형 쇼핑몰로 들어가는 것이다. 소형 쇼핑몰은 문을 잠가놓는 경우도 있으니 주의해야 한다. 패스트푸드점에서도 화장실을 이용할 수 있으므로 근처에 맥도날드나 KFC가 있다면 이곳을 이용하도록 하자.

🐷 식수

홍콩은 물이 귀한 지역이라서 식수 구하기가 상당히 어렵다. 토질의 특성상 지하수 개발이 불가능한데다 주변에 마땅한 식수자원도 없기 때문이다. 그래서 식수는 항상 따로 구입해야 하는데, 호텔에서도 대부분 무상으로 식수를 제공하지 않으니 마실 물은 직접 구입해야 한다.

여름에 홍콩을 여행할 경우에는 엄청난 더위로 수분부족현상이 일어날 수 있으니, 항상 물을 가지고 다니면서 수시로 마시는 것이 좋다. 특히 대낮에는 강하게 내리쬐는 햇빛과 지상에서 올라오는 열기 때문에 잠시만 걸어 다녀도 숨이 턱턱 막힌다. 여행할 때는 충분한 수분섭취와 휴식이 제일 중요하다는 것을 잊지 말도록 하자.

긴급

여행 중에는 여권이나 신용카드, 현금 등을 잃어버리지
않도록 각별히 주의하도록 하자. 또한 만일에 대비하여

자주 쓰이는 표현_1

무슨 일이에요?

메55 씨22 아~33

咩事呀?

···→ **여권을 잃어버렸어요.**

(응)오13 떳33 쪼35 뿐35 우22 찌우33

我跌咗 本護照。

바꿔 말하기

• 신용카드　　**張信用咭**　　쩽55 쏜33 용22 캇~55

• 핸드백　　　**個手袋**　　　꼬33 싸우35 또이35

여권의 사진이 부착된 면을 복사해 지니도록 하고, 신용카드의 번호와 유효기간, 카드 회사의 전화번호도 따로 기재해 두도록 하자.

🐸 `자주 쓰이는 표현_2`

• 언제 없어졌어요?

께이35 씨21 음21 낀33 까~33

幾時唔見㗎?

┄➔ 물건 살 때 없어졌어요.

마~이13 예13 꼬35 짠22 음21 낀33 께33

買嘢嗰陣唔見嘅。

바꿔 말하기

| • 전화하다 | 打電話 | 따~35 띤22 와~35 |
| • 밥 먹다 | 食飯 | 쎅22 판~22 |

유용한 표현

▼ 경찰에 신고해 주세요.

음21 꼬이55 뽕55 (응)오13 뽀우33 껭35 아~33

唔該幫我報警呀。

▼ 빨리 999(긴급 구조 센터)에 전화 걸어요!

파~이33 띠55 따~35 까우35 까우35 까우35 라55

快啲打九九九啦！

▼ 도와 주세요! 사람 살려!

까우33 멩22 아~33

救命呀！

▼ 지갑을 잃어버렸어요.

(응)오13 띳33 쪼35 꼬33 (응)안21 빠~우55

我跌咗個銀包。

▶ 지갑이 어떻게 생겼어요?

네이13 꼬33 (응)안21 빠~우55 하이22 띰35 옝35 까~33

你個銀包係點樣㗎?

▶ 안에 무엇이 들어 있나요?

압22 삔22 야우13 띠55 맛55 예13 아~33

入便有啲乜嘢呀?

▼ 휴대폰이 없어졌어요.

(응)오13 음21 낀33 쪼35 뽀우22 싸우35 께이55

我唔見咗部手機。

▶ 어디에서 없어졌나요?

하이35 삔55 또우22 음21 낀33 까~33

喺邊度唔見㗎?

▼ 저도 모르겠어요.

(응)오13 또우55 음21 찌55

我都唔知。

▼ 누가 제 노트북을 훔쳐갔어요.

(응)오13 뽀우22 싸우35 타이21 띤22 노우13 뻬이35 얀21 타우55 쪼35

我部手提電腦畀人偷咗。

225
왕초짜 여행 광둥어

긴 급

한국에서 비상 약품을 챙겨가도록 하고, 특히 무더운
여름에는 항상 물을 지니고 다니면서 수시로 수분을

🐼 자주 쓰이는 표현_1

- 어디가 불편하세요?

  네이13 삔55 또우22 음21 쒸55 폭22 아~33

  ### 你邊度唔舒服呀 ?

- ···› 머리가 아파요.

  (응)오13 타우21 통33

  ### 我頭痛。

바꿔 말하기

- 배　**肚**　토우13
- 목(구멍)　**喉嚨**　하우21 롱21
- 이　**牙**　(응)아~21
- 허리　**腰**　이우55

보충해 주도록 하자.

🐸 `자주 쓰이는 표현_2`

- 감기약을 사려고 하는데요.

  (응)오13 이우33 마~이13 깜35 모우22 옉22

  # 我要買感冒藥。

···➤ 감기약은 저쪽에 있습니다.

  깜35 모우22 옉22 하이35 꼬35 또우22

  # 感冒藥喺喞度。

바꿔 말하기

- **두통약**　　頭痛藥　　타우21 통33 옉22
- **진통제**　　止痛藥　　찌35 통33 옉22
- **지사제**　　止瀉藥　　찌35 쎄33 옉22
- **백화유**　　白花油　　빡~22 파~55 야우21

유용한 표현

▶ 어디 몸이 안 좋으세요?

네이13 하이22 음21 하이22 음21 쒸55 폭22 아~33

你係唔係唔舒服呀?

▼ 저 오늘 몸이 안 좋아요.

(응)오13 깜55 얏22 음21 쒸55 폭22

我今日唔舒服。

▶ 열이 나나요?

네이13 야우13 모우13 팟~33 씨우55 아~33

你有冇發燒呀?

▶ 약 드셨나요?

네이13 쎅22 쪼35 엑22 메이22 아~33

你食咗藥未呀?

▶ 하루에 세 번 드세요.

얏55 얏22 쎅22 쌈~55 치33

一日食三次。

▶ 한 번에 두 알씩 드세요.

무이13 치33 쎅22 랭13 랍55

每次食兩粒。

▼ 저는 설사합니다.

(응)오13 토우13 (응)오55

我肚屙。

▼ 저는 설사도 하고 토하기도 합니다.

(응)오13 야우22 (응)오55 야우22 아우35

我又屙又嘔。

▶ 따뜻한 물 많이 드세요.

얌35 또55 띠55 꽌35 쏘위35

飲多啲滾水。

- -

▶ 좀 쉬세요.

네이13 타우35 하~13 라~55

你唞吓啦!

· 지갑	**銀包**	(응)안²¹ 빠~우⁵⁵
· 핸드백	**手袋**	싸우³⁵ 또이³⁵
· 휴대폰	**手機**	싸우³⁵ 께이⁵⁵
· 노트북	**手提電腦**	싸우³⁵ 타이²¹ 띤²² 노우¹³
· 컴퓨터	**電腦**	띤²² 노우¹³
· 신용카드	**信用咭**	쏜³³ 용²² 캇~⁵⁵
· 현금	**現金**	인²² 깜⁵⁵
· 여권	**護照**	우²² 찌우³³
· 여권번호	**護照號碼**	우²² 찌우³³ 호우²² 마~¹³
· 신분증	**身份證**	싼⁵⁵ 판³⁵ 쩽³³
· 소매치기	**扒手**	파~²¹ 싸우³⁵
· 도둑	**賊仔**	착~²² 짜이³⁵
· 훔치다	**偷嘢**	타우⁵⁵ 예¹³
· 경찰	**差人**	차~이⁵⁵ 안²¹

분실/도난

- 경찰서 **差館** 차~이⁵⁵ 꾼³⁵

- 경찰에 신고하다 **報警** 뽀우³³ 껭³⁵

- 순찰차 **巡邏車** 촌²¹ 로²¹ 체⁵⁵

- 긴급 구조 센터 (999)
  九九九 까우³⁵ 까우³⁵ 까우³⁵

- 한국총영사관 **韓國總領事館**
  혼²¹ 꿕³³ 쫑³⁵ 렝¹³ 씨²² 꾼³⁵

긴급

분실
/도난

질병

활용
어휘

- 몸이 안 좋다　**唔舒服**　음²¹ 쒸⁵⁵ 푹²²
- 열이 나다　**發燒**　팟~³³ 씨우⁵⁵
- 열이 내리다　**退燒**　토위³³ 씨우⁵⁵
- 기침하다　**咳**　캇⁵⁵
- 감기에 걸리다　**冷親**　랑~¹³ 찬⁵⁵
- 두통　**頭痛**　타우²¹ 통³³
- 인후통　**喉嚨痛**　하우²¹ 롱²¹ 통³³
- 복통　**肚痛**　토우¹³ 통³³
- 치통　**牙痛**　(응)아~²¹ 통³³
- 요통　**腰痛**　이우⁵⁵ 통³³
- 변비　**便秘**　삔²² 뻬이³³
- 약　**藥**　역²²
- 약을 먹다　**食藥**　쎅²² 역²²
- 두통약　**頭痛藥**　타우²¹ 통³³ 역²²

질병

- 감기약   **感冒藥**   깜[35] 모우[22] 옉[22]
- 위장약   **胃藥**   와이[22] 옉[22]
- 지사제   **止瀉藥**   찌[35] 쎄[33] 옉[22]
- 진통제   **止痛藥**   찌[35] 통[33] 옉[22]
- 백화유   **白花油**   빡~[22] 파~[55] 야우[21]
- 일회용 반창고   **膠布**   까~우[55] 뽀우[33]
- 호랑이 연고   **萬金油**   만~[22] 깜[55] 야우[21]
- 약국   **藥房**   옉[22] 퐁[21]
- 설사하다   **肚屙**   토우[13] (응)오[55]
- 토하다   **嘔**   아우[35]
- 의사   **醫生**   이[55] 쌍[55]
- 간호사   **護士**   우[22] 씨[22]
- 병원   **醫院**   이[55] 원[35]
- 구급차   **白車**   빡~[22] 체[55]

긴급

분실
/도난

질병

활용
어휘

귀국

귀국할 때는 빠뜨린 짐이 없는지 잘 확인하고 시간에 늦지 않게 공항에 도착하도록 하자. 특히 여권과 항공권을 다시 한 번 확인하도록 하자.

🚂 출국 수속

비행기 출발 2~3시간 전에는 공항에 도착하도록 한다. 짐은 체크인 카운터에 위탁하고 수하물표를 받는다. 탑승 수속이 끝나면 탑승권에 적힌 탑승 시간과 게이트를 확인한 뒤, 출발 30~40분 전에 게이트 앞에 도착해서 탑승을 기다린다.

🚂 입국 수속

입국 심사 ▶ 수하물 수취 ▶ 세관 검사
여행자 휴대품 신고서 제출

※여행자 휴대품 신고서는 기내에서 미리 작성하도록 한다.
(해외에서 우리나라로 입국하는 모든 여행자가 제출하여야 한다)

📋 여행자 휴대품 신고 안내

- **1인당 면세범위**
  - 국내 반입시, 면세점 구입품과 외국에서 구입한 물품 총 가격이 US$600 이하인 경우
  - 주류 1병 (1ℓ이하, US$400 이하)
  - 담배 200개비 이내
    단, 만19세 미만의 미성년자가 반입하는 주류 및 담배는 제외
  - 향수 60㎖ 이하

- **국내 반입 금지 및 제한 품목**
  - 위조(가짜) 상품 등 지식재산권 침해물품
  - 위조지폐 및 위, 변조된 유가증권
  - 웅담, 사향, 녹용, 악어가죽, 상아 등
  - 멸종 위기에 처한 야생동식물 및 관련 제품
  - 총포, 도검 등 무기류
  - 실탄 및 화학류
  - 마약류 및 오, 남용 의약품

    ※ 자세한 사항은 관세청 홈페이지 참조 www.customs.go.kr

귀국

비행기 출발 2~3시간 전에는 공항에 도착하도록 하고,
출발 30~40분 전에는 게이트 앞에 도착해서 탑승을

자주 쓰이는 표현_1

> • 무슨 항공을 타시나요?
>
> 네이13 땁~33 삔55 깐~55 홍21 홍55 꽁55 씨55 아~33
>
> ### 你搭邊間航空公司呀?

> ···> 캐세이 퍼시픽을 탑니다.
>
> (응)오13 땁~33 꿕33 타~이33 홍21 홍55
>
> ### 我搭國泰航空。

바꿔 말하기

- 아시아나   **韓亞航空**   혼21 아~33 홍21 홍55

- 대한항공   **大韓航空**   따- 이22 혼21 홍21 홍55

초보여행자도 한번에 찾는다

기다리도록 한다.

`자주 쓰이는 표현_2`

• 짐이 몇 개인가요?

네이13 아우13 께이35 또55 낀22 항21 레이13 아~33

你有幾多件行李呀?

···▶ 전부 3개입니다.

얏55 꽁22 야우13 쌈~55 낀22 항21 레이13

一共有 三件行李。

바꿔 말하기

• **짐 1개**   一件行李   얏55 낀22 항21 레이13

• **짐 2개**   兩件行李   뢩13 낀22 항21 레이13

• **짐 5개**   五件行李   응13 낀22 항21 레이13

유용한 표현

▶ 탑승권 여기 있습니다.

니55 꼬33 하이22 땅55 께이55 쩽33

呢個係登機證。

▶ 10시 반부터 탑승을 시작합니다.

쌉22 띰35 뿐33 호이55 치35 땅55 께이55

十點半開始登機。

▶ 창가 쪽에 앉으시겠습니까 복도 쪽에 앉으시겠습니까?

네이13 이우33 초13 챙55 하우35 와이35 뗑22 짜우35 롱35 와이35 아~33

你要坐窗口位定走廊位呀?

▶ 이 짐은 너무 크네요.

니55 낀22 항21 레이13 타~이33 따~이22

呢件行李太大。

▶ 이 짐은 중량이 초과되었습니다.

니55 낀22 항21 레이13 꿔33 총13

呢件行李過重。

▶ 맡기실 짐은 어느 것입니까?

삔55 띠55 항21 레이13 께이33 총55 아~33

邊啲行李寄艙呀?

▶ 너무 늦지 않게 탑승 게이트에 도착해 주십시오.

음21 호우35 깜33 치21 얍22 짭~22

唔好咁遲入閘。

▼ 이코노미 석으로 갑니다.

(응)오13 초13 껭55 짜이33 총55

我坐經濟艙。

▼ 19번 탑승 게이트는 어디에 있나요?

쌉22 까우35 호우22 짭~22 하우35 하이35 삔55 또우22 아~33

十九號閘口喺邊度呀?

▼ 캐세이퍼시픽 CX410 항공편을 탑니다.

(응)오13 딱~33 꿱33 타~이33 씨55 엑쓰55 쎄이33 얏55 렝21
빤~55 께이55

我搭國泰CX410班機。

부록

광동어 카드

분실 · 도난시

▷▶ _____ 를 잃어버렸습니다.

我跌咗

☐	本護照	여권
☐	部相機	사진기
☐	部手機	휴대폰
☐	個銀包	지갑
☐	個袋	가방
☐	張信用咭	신용카드
☐	張機票	비행기 표
☐	_____	기타

▷▶ _____ 에서 없어졌습니다.

喺

☐	地鐵	지하철	唔見嘅。
☐	巴士	버스	
☐	電車	트램	
☐	商場	쇼핑몰	
☐	餐廳	식당	
☐	洗手間	화장실	
☐	_____	기타	

▷▶ _____에 연락해 주십시오.

唔該打去
- ☐ 差館   경찰서
- ☐ 韓國總領事館 한국총영사관
- ☐ 呢個號碼   이 번호
- ☎ : _____

미리 연락할 곳을 적어놓자

▷▶ _____를 써 주십시오.

唔該寫張
- ☐ 失竊報告表   도난 신고서   畀我。
- ☐ 事故證明書   사고 증명서
- ☐ _____   기타

▷▶ _____를 재발행해 주십시오.

唔該補發
- ☐ 護照   여권   畀我。
- ☐ 信用咭   신용카드
- ☐ _____   기타

부록

분실,
도난시

아플 때

처방

노움되는
한, 광동
어휘

아플 때

병원에서 아래 사항에 ✔ 해서
접수처에 제시하십시오.

▷▶ **個人資料** 신상정보

- ☐ **姓名** 성명 : _____ (한자로)
- ☐ **年齡** 연령 : _____
- ☐ **出生日期** 생년월일 : _____
- ☐ **性別** 성별 : ☐ **男** 남자 ☐ **女** 여자
- ☐ **出生地點** 출생지 : 韓國 (한국)

▷▶ _____ 가 아픕니다.

☐ **頭**	머리	**痛。**
☐ **肚**	배	
☐ **牙**	이	
☐ **喉嚨**	목구멍	

▷ ▶

☐ **頭暈**　　현기증이 나다

☐ **作嘔**　　토할 것 같다

☐ _____　　기타

▷ ▶ 진단서를 작성해 주십시오.

唔該寫張診斷證明書畀我。

부록

분실
도난시

아플 때

처방

도움되는
한 광동
어휘

처방

▷▶ _____부터 몸이 좋지 않습니다.

由	☐ **今朝**	오늘 아침	**開始唔舒服。**
	☐ **琴日**	어제	
	☐ **三日前**	3일전	
	☐ _____		

▷▶ _____ 안정을 취해 주십시오.

請你休息	☐ **一日**	하루 동안	**啦。**
	☐ **兩日**	이틀 동안	
	☐ _____		

▷▶ 약을 _____ 복용 하십시오.

請你	☐ **飽肚食。**	식후에
	☐ **空肚食。**	공복에
	☐ **一日食三次。**	하루에 세 번
	☐ **每次食兩粒。**	한 번에 두 알

부록

도움되는 한·광동 어휘

도움되는
한광동어휘

ㄴ

나	我	(응)오13
나가다	出去	춧55 호위33
날씨	天氣	틴55 헤이33
남동생	細佬	싸이33 로우35
남자친구	男朋友	남21 팡21 야우13
남쪽	南面	남~21 민21
남편	老公	로우13 꽁55
낮	晏晝	안~33 짜우33
내년	出年	춧55 닌35
내려가다	落去	록22 호위33
내리다 차에서 落車		록22 체55
내일	聽日	텡55 얏22
냅킨	餐巾	찬~55 깐55
냉장고	雪櫃	씻33 꽈이22

너	你	네이13
너무	太	타~이33
너희들	你哋	네이13 떼이22
노란색	黃色	윙21 쎅55
놀다	玩	완~35
노스포인트 재래시장 北角街市		빡55 꼭33 까~이55 씨13
노트북	手提電腦	싸우35 타이21 띤22 노우13
농구를 하다 打籃球		따~35 람~21 카우21
누구	邊個	삔55 꼬33
누나	家姐	까~55 쩨55
뉴스	新聞	싼55 만21
느리다	慢	만~22

ㄷ

다시	再	쪼이33
다음 달	下個月	하~22 꼬33 윗22
다음번	下次	하~22 치33
다음 주	下個禮拜	하~22 꼬33 라이13 빠~이33
단팥죽	紅豆沙	홍21 따우35 씨~55
닭고기	雞肉	까이55 욕22
담배	煙仔	인55 짜이35
담요	氈	찐55
당신	你	네이13
당연히	梗係	깡35 하이22
대략	大約	따~이22 엑33
대만	台灣	토이21 완~55
대한항공	大韓航空	따~이21 혼21 홍21 홍55

덥다	熱	잇22
데친 채소	油菜	야우21 초이33
도서관	圖書館	토우21 쒸55 꾼35
~도 역시	都	또우55
도착하다	到(達)	또우33 (땃~)22
되돌아가다	원래 자리로 返去	판~55 호위33
독일	德國	따55 꿕33
독일사람	德國人	따55 꿕33 얀21
독일어	德文	따55 만35
돈	錢	친35
돕다	幫	뻥55
동료	同事	통21 씨22
동물	動物	똥22 맛22
동물원	動物園	똥22 맛22 원21
동전	散銀	싼~35 (응)안35
동쪽	東面	똥55 민22

맛있다	好食	호우35 쎅22
맛있다(음료)	好飲	호우35 얌35
맞은편	對面	또위33 민22
매닝스 드러그 스토어	萬寧	만~22 넹21
매우	好	호우35
맥주	啤酒	삐55 짜우35
머리	頭	타우21
머무르다	留	라우21
먹다	食	쎅22
멀다	遠	윈13
멀미	暈浪	완21 롱22
멀미약	暈浪丸	완21 롱22 윈35
멀티플러그	萬能插蘇	만~22 낭21 챱~33 쏘우55
메뉴판	餐牌	잔~55 파~이35

며칠	幾(多)日	께이35 (또55) 얏22
면도하다	剃鬚	타이33 쏘우55
면세품	免稅品	민13 쏘위33 빤35
면세점	免稅店	민13 쏘위33 띰33
명승고적	名勝古蹟	맹21 쌩33 구35 쩩55
몇	幾多	께이35 또55
몇 년	幾年	께이35 닌21
몇 시	幾點	께이35 띰35
몇 층	幾樓	께이35 라우35
모두	都	또우55
모레	後日	하우22 얏22
목(구멍)	喉嚨	하우21 롱21
목걸이	頸鏈	껭35 린35
목요일	禮拜四	라이13 빠~이33 쎄이22
목적지	目的地	목22 땍55 떼이22

부록

분실
도난시

아플 때

처방

도움되는
한, 광동
어휘

부록

분실 도난시

아플 때

처방

도움되는 한, 광동 어휘

변기	廁所	치33 쏘35
변비	便秘	삔22 뻬이33
변호사	律師	롯22 씨55
병원	醫院	이55 윈35
보기좋다	好睇	호우35 타이35
보다	睇	타이35
보라색	紫色	찌35 쎅55
보이차	普洱	포우35 레이35

| 복도 쪽 좌석 | | |
| 走廊位 | | 짜우35 롱35 와이35 |

복통	肚痛	토우13 통33
볶음 면	炒麵	차~우35 민22
볶음 밥	炒飯	차~우35 판~22
봄	春天	쵼55 틴55
부두	碼頭	마~13 타우21
북경	北京	빡55 껭55
북쪽	北面	빡55 민22

분홍색	粉紅色	판35 홍21 쎅55
브랜드	牌子	파~이21 찌35
비누	番梘	판~55 깐~35
비닐봉투	膠袋	까~우55 또이35

| 비상구 | 太平門 | |
| | | 타~이33 펭21 문21 |

| 비싸다 | 貴 | 꽈이33 |
| 비자 | 簽證 | 침55 쪙33 |

| 비즈니스 석 | | |
| 商務艙 | | 쎙55 모우22 총55 |

| 비즈니스 센터 | | |
| 商務中心 | | 쎙55 모우22 쭝55 쌈55 |

| 비행기 | 飛機 | 페이55 께이55 |
| 비행비표 | 機票 | 께이55 피우33 |

빅토리아 공원		
維多利亞公園		
와이21 또55 레이22 아~33 꽁55 윈35		

세트메뉴 **套餐** 토우-33 찬~55

센트럴 홍콩 지명
中環 쫑55 완~21

셔츠 **恤衫** 쏫55 쌈~55

성완 홍콩 지명
上環 쌩22 완~21

소고기 **牛肉** (응)아우21 욱22

소고기 버거
牛肉漢堡
(응)아우21 욱22 혼33 뽀우35

소고기죽
牛肉粥
(응)아우21 욱22 쪽55

소매치기 **扒手** 파~21 씨우35

소파 **梳化** 쏘55 파~35

손목시계 **手錶** 씨우35 삐우-55

손녀 **孫女** 쒼55 노위35

손자 **孫仔** 쒼55 짜이35

쇼핑몰 **商場** 쌩55 쵕21

쇼핑하다 **行街** 항~21 까~이55

수건 **毛巾** 모우21 간55

수수료 **手續費**
싸우35 쪽22 파이33

수업하다 **上堂** 쌩13 통21

수영장 **泳池** 웽22 치21

수영하다 **游水** 야우21 쏘위35

수요일 **禮拜三**
라이13 빠~이33 쌈~55

수표 **支票** 찌55 피우33

수하물 **行李** 항21 레이13

수하물표 **行李牌**
항21 레이13 파~이35

숙박하다 **住** 쥐22

숟가락 **匙羹** 치21 깡55

술 **酒** 짜우35

술을 마시다
飲酒 얌35 짜우35

싸가다 남은 음식을
打包 따~35 빠~우55

싸인 簽名 침55 멩35

쓰기 편하다
好用 호우35 용22

씨우마이 딤섬의 일종
燒賣 씨우55 마~이35

씻다 洗 싸이35

아가씨 小姐 씨우35 제35

아내 老婆 로우13 포21

아니다 唔 음21

아들 仔 짜이35

아래쪽 下面 하~22 민22

아빠 爸爸 빠~21 빠~55

아시아나 항공
韓亞航空 혼21 아~33 홍21 홍55

아이 細蚊仔 싸이33 만55 짜이35

아이스바 雪條 씻33 티우35

아이스크림
雪糕 씻33 꼬우55

아침 朝早 찌우55 쪼우35

아침식사 早餐 쪼우35 찬~55

아침운동 晨運 싼21 완22

아프다 痛 통33

안전벨트 安全帶 온55 췬21 따~이35

안쪽 入面/ 裡面 얍22 민22/ 로위13 민22

알다 知 찌55

알다 사람을 (認)識 (엥22) 쎅55

앞문 前門 친21 문35

앞쪽 前面 친21 민22

에어컨	冷氣(機)	
		랑~13 헤이33 께이55

~에 있다	喺	하이35

엑스라지(XL) 사이즈	加大碼	
		까~55 따~이22 마~13

엑스스몰(XS) 사이즈	加細碼	
		까~55 싸이33 마~13

엔화	日元	얏22 윈21

엘리베이터	軨	립55

여권	護照	우22 찌우33

여권번호	護照號碼	
		우22 찌우33 호우22 마~13

여기	呢度	니55 또우22

여동생	細妹	싸이33 무이35

여름	夏天	하~22 틴55

여자친구	女朋友	
		노위13 팡21 야우13

여행	旅行	로위13 항21

여행 가이드	導遊	또우22 야우21

여행객	旅客	로위13 학~33

여행단	旅行團	로위13 항21 튄21

여행사	旅行社	로위13 항21 쎄13

역사	歷史	렉22 씨35

역사박물관	歷史博物館	
		렉22 씨35 뽁33 맛22 꾼35

연장자	長者	쾡35 쩨35

연회장	宴會廳	인33 우이22 탱55

열다 가방 등을	打開	따~35 호이55

열쇠	鎖匙	쏘35 씨21

열이 나다	發燒	팟~33 씨우55

열이 내리다	退燒	토위33 씨우55

엽서	甫士咭	
		포우55 씨22 캇~55

266

완구점	玩具舖	운-22 꼬위22 포우-35

완차이 홍콩 지명

	灣仔	완~55 짜이35

완탄 누들	雲吞麵	완21 탄55 민22

왓슨스 드러그 스토어

	屈臣氏	왓55 싼21 씨35

외국인	外國人	(웅)오이22 꾁33 얀21

외동딸	獨女	똑22 노위35

외아들	獨仔	똑22 짜이35

외할머니	阿婆	아~33 포21

외할아버지

	阿公	아~33 꽁55

외화	外幣	(웅)오이22 빠이33

왼쪽	左面	쪼35 민22

요금표	收費表	싸우55 파이33 삐우35

요즘	呢排	니55 파~이35

요통	腰痛	이우55 통33

욕실	沖涼房	충55 뼁21 퐁35

용정차	龍井	롱21 쩽35

우꼭 딤섬의 일종

	芋角	우22 꼭35

우롱차	烏龍	우55 롱35

우리들	我哋	(웅)오지13 떼이22

우산	遮	쩨55

우유	牛奶	(웅)아우21 나~이13

우체국	郵局	야우21 꼭35

우회전하다

	轉右手便	쮠33 야우22 싸우35 삔22

운동	運動	완22 똥22

운동을 하다

	做運動	쪼우22 완22 똥22

운동장	運動場	완22 똥22 쵕21

운동화	波鞋	뽀55 하~이21

운전기사	司機	씨55 께이55

움직이다	郁	욕55

월요일	禮拜一	라이13 빠~이33 얏55
웨스턴 마켓	西港城	싸이55 꽁35 쌩21
웰컴 슈퍼마켓	惠康	와이22 홍55
위스키	威士忌	와이55 씨22 께이35
위장약	胃藥	와이22 옉22
위쪽	上面	쌩22 민22
위층	樓上	라우21 쌩22
유럽	歐洲	아우55 짜우55
유로 유럽 화폐단위	歐元	아우55 윈21
유스호스텔	青年旅舍	쳉55 닌21 로위13 쎄33
육교	天橋	틴55 키우21
~으로부터	喺	하이35
은행	銀行	(응)안21 홍21

음악	音樂	얌55 (응)옥22
음악회	音樂會	얌55 (응)옥22 우이35
(응)아우욕카우 딤섬의 일종	牛肉球	(응)아우21 욕22 카우21
~의	嘅	께33
의사	醫生	이55 쌍55
의자	櫈	땅33
이치아	牙	(응)아~21
이것	呢個	니55 꼬33
~이다	係	하이22
이륙하다	起飛	헤이35 페이55
이르다	早	쪼우35
이발소	飛髮舖	페이55 팟~33 포우35
이발하다	飛髮	페이55 팟~33
이번	呢次	니55 치33
이번 달	呢個月	니55 꼬33 윗22

초보여행자도 한번에 찾는다

부록

분실
도난시

아플 때

처방

도움되는
한, 광동
어휘

269
왕초짜 여행 광동어

초보여행자도 한번에 찾는다

지갑	**銀包**	(응)안²¹ 빠~우⁵⁵
지금	**而家**	이²¹ 까~⁵⁵
지난 달	**上個月**	쌩²² 꼬³³ 윗²²
지난 주	**上個禮拜**	쌩²² 꼬³³ 라이¹³ 빠~이³³
지니다 몸에	**帶**	따~이³³
지도	**地圖**	떼이²² 토우²¹
지사제	**止瀉藥**	찌³⁵ 쎄³³ 엑²²
지폐	**紙幣**	찌³⁵ 빠이²²
지하철(MTR)	**地鐵**	떼이²² 팃³³
지하철역	**地鐵站**	떼이²² 팃³³ 짬~²²
진통제	**止痛藥**	찌³⁵ 통³³ 엑²²
짐	**行李**	항²¹ 레이¹³
집	**屋企**	옥⁵⁵ 케이³⁵
짠쮜까이 딤섬의 일종	**珍珠雞**	짠⁵⁵ 쮜⁵⁵ 까이⁵⁶
찐또위 딤섬의 일종	**煎堆**	찐⁵⁵ 또위⁵⁵

ㅊ

차 마시는	**茶**	차~²¹
차교통수단	**車**	체⁵⁵
차가운 레몬차	**凍檸茶**	똥³³ 넹³⁵ 차~²¹
차가운 밀크티	**凍奶茶**	똥³³ 나~이¹³ 차~²¹
차가운 커피	**凍咖啡**	똥³³ 까~³³ 페⁵⁵
차갑다	**凍**	똥³³
차를 타다	**搭車/ 坐車**	땁~³³ 체⁵⁵/ 초¹³ 체⁵⁵
차멀미	**暈車浪**	완²¹ 체⁵⁵ 통²²
차비	**車費**	체⁵⁵ 파이³³
차씨우빠우 딤섬의 일종	**叉燒包**	차~⁵⁵ 씨우⁵⁵ 빠~우⁵⁵
차찬텡	**茶餐廳**	차~²¹ 찬~⁵⁵ 텡⁵⁵

초보여행자도 한번에 찾는다

ㅎ

한국사람	韓國人	혼21 꿕33 얀21
한국어	韓文	혼21 만35
한국총영사관	韓國總領事館	혼21 꿕33 쫑35 렝13 씨22 꾼35
할리우드 로드	荷李活道	호21 레이13 웃22 또우22
할아버지	阿爺	아~33 예21
할머니	阿嫲	아~33 마~21
~할 줄 알다	識	쎅55
함쏘위꼭 딤섬의 일종	咸水角	함~21 쏘위35 꼭35
함께	一齊	얏55 차이21
항공사	航空公司	홍21 홍55 꽁55 씨55
항공편	班機	빤~55 께이55

항공편 번호	班機編號	빤~55 께이55 편55 호우22
~해도 된다	可以	호35이13
~해야한다	要	이우33
~해 주세요	請	쳉35
해양공원	海洋公園	호이35 영21 꿍55 윈35
핸드백	手袋	싸우35 또이35
햄	火腿	포35 토위35
햄버거	漢堡	혼33 뽀우35
향수	香水	횅55 쏘위35
~향하여	向	횅33
허리	腰	이우55
허리띠	腰帶	이우55 따~이35
헤드폰	耳筒	이13 통35
헬스클럽	健身室	낀22 싼55 쌋55
현기증이 나다	頭暈	타우21 완21

저자 조은정(趙恩梃)
성균관대학교 중어중문학과 졸업
國立臺灣師範大學(국립대만사범대학) 국문연구소 석사
國立臺灣師範大學(국립대만사범대학) 국문연구소 박사
고려대, 성균관대, 동덕여대, 숙명여대 강의
現 성균관대학교 중어중문학과 초빙교수

2판 1쇄 2024년 2월 20일
Editorial Director 김혜경
Printing 삼덕정판사

발행인 김인숙
편집 · Designer 김소아

발행처 (주)동인랑
Illustrator/Cartoon 김소아

서울시 노원구 공릉동 653-5
대표전화 02-967-0700

팩시밀리 02-967-1555

출판등록 제 6-0406호

©2017, Donginrang Co.,Ltd.
ISBN 978-89-7582-619-1

인터넷의 세계로 오세요!
www.donginrang.co.kr
webmaster@donginrang.co.kr

(주)동인랑에서는 참신한 외국어 원고를 모집합니다.

잘못된 책은 교환해 드립니다.